HET ORAKEL VAN DE ENGELEN

HET ORAKEL VAN DE ENGELEN

OMGAAN MET
DE ENGELEN
VOOR ADVIES,
INSPIRATIE
EN LIEFDE

AMBIKA WAUTERS

BECHT · HAARLEM

© tekst: Ambika Wauters 1995
© illustraties: Warren Maddill/MEIKLEJOHN 1995
© Engelse editie: Eddison Sadd Editions 1995

Oorspronkelijke titel: The Angel Oracle
Oorspronkelijke uitgever: Eddison Sadd Editions, Londen

Voor het Nederlandse taalgebied:
© 1996 Uitgeverij J.H. Gottmer / H.J.W. Becht BV, Postbus 160, 2060 AD Bloemendaal
Vertaling: Tekstbureau Neelissen/Van Paassen, Utrecht
Belettering omslag: Marius Brouwer, Haarlem

ISBN 90 230 0911 8 / NUGI 626 / CIP

Alle rechten voorbehouden. Niets uit deze uitgave mag worden verveelvoudigd, opgeslagen in een geautomatiseerd gegevensbestand, of openbaar gemaakt in enige vorm of op enige wijze, hetzij elektronisch, mechanisch, door fotokopieën, opnamen, of enige andere manier, zonder voorafgaande schriftelijke toestemming van de uitgever.

Voor zover het maken van kopieën uit deze uitgave is toegestaan op grond van artikel 16b j⁰ het Besluit van 20 juni 1974, St.b. 351, gewijzigd bij Besluit van 23 augustus 1985, St.b. 471 en artikel 17 Auteurswet 1912, dienen de daarvoor wettelijk verschuldigde vergoedingen te worden voldaan aan de Stichting Reprorecht (Postbus 882, 1180 AW Amstelveen).
Voor het overnemen van gedeelten uit deze uitgave in bloemlezingen, readers en andere compilatiewerken (artikel 16 Auteurswet 1912) dient men zich tot de uitgever te wenden.

INHOUD

Inleiding 6

Hoofdstuk 1 Engelen in verleden en heden 10

Hoofdstuk 2 De engelenkaarten 15

De Hemel der Formatie 17

De Aartsengelen 20

De Beschermengelen 30

De Vorsten 48

De Hemel der Schepping 56

De Machten 60

De Krachten 66

De Heerschappijen 72

De Hemel van het Paradijs 78

De Serafijnen 82

De Cherubijnen 88

De Tronen 94

Hoofdstuk 3 Het gebruik van de kaarten 100

Voorbereiding 100

Vragen stellen aan het orakel 101

De keuze van de kaartverdeling 101

Interpretatie van de kaarten 102

Conclusie 110

Om verder te lezen 111

Dankbetuigingen 112

INLEIDING

*Gezegend is het kind van het Licht
dat zijn hemelse Vader zoekt,
want hij zal het eeuwige leven hebben.
Hij die zich ophoudt in het verborgene
van de Allerhoogste
zal verblijven onder de schaduw van de Almachtige.
Want Hij zal Zijn engelen over u laten waken
om u in alles bij te staan.*

HET EVANGELIE VAN DE ESSENEN

Sinds het begin van onze zoektocht naar de mysteriën van het leven en het wezen van ons bestaan hebben engelen ons met de goddelijke Bron – de ultieme oorsprong van alle schepping – verbonden. Zij zijn ook een aspect van onze relatie met de Bron als vertegenwoordigers van het geheel van goedheid, zuiverheid en licht.

Het besef van de brug tussen ons dagelijks leven en het rijk van het goddelijke kan door *Het orakel van de engelen* opnieuw aangewakkerd worden. Het boek is ontstaan uit mijn lange ervaring met de ontwikkeling van helderziendheid en intuïtie, waarbij ik gebruik maakte van goddelijke hulpmiddelen als de *I Tjing* en de runen. Al zijn deze kaarten gebaseerd op oude archetypische symbolen die de essentie van ons wezen vertegenwoordigen, zij dragen ook een heldere geest in zich die ons in de richting van een wetend en liefhebbend bewustzijn helpt. Ik heb geprobeerd die goddelijke eigenschap door te laten werken in een orakel dat een diep en duurzaam zelfgevoel geeft en ons laat zien hoe het goddelijke via ons actief is om orde en helderheid in ons leven te brengen.

Het orakel van de engelen komt voort uit een nieuwsgierigheid naar engelen en een gevoel van verwondering en vreugde over hoe zij onze fysieke werkelijkheid completeren en ons helpen bij de ontplooiing van ons leven. Sinds mijn vroege kindertijd maken engelen deel uit van mijn wereld, en toen mijn 'engelen-bewustzijn' herontwaakte, vond dit besef ergens diep in mij een weerklank die de aanwezigheid van engelen in mijn leven bevestigde.

Diverse nieuwe boeken over engelen hebben mij zeer ontroerd en geïnspireerd. Het boek dat mij het meest beïnvloed heeft, en dat ik in hoofdstuk 1 beschrijf, was *Gesprek met de engelen* van Gitta Mallasz. Toen ik dat gelezen had, wist ik zeker dat engelen geen hersenschimmen waren en dat zij niet konden worden afgedaan als New Age-scheppingen. De zekerheid van de in dit boek beschreven jonge mensen dat engelen hun steun en bescherming bieden, heeft me diep geroerd.

Nadat ik diverse boeken over het onderwerp gelezen had, begon ik een dagboek bij te houden over hoe engelen mijn leven beïnvloedden. Ik was eerst gealarmeerd en later verbaasd over de voortdurende stroom van inspiratie en leiding die ik ontving als ik eraan werkte. Ik leerde het verschil te zien tussen mijn eigen, persoonlijke beschermengel en de engelen die mij leidden bij het schrijven van *Het orakel van de engelen*.

Naarmate mijn besef van engelen groeide, begon ik ze overal om me heen te zien. Ze zaten gegraveerd op wereldlijke gebouwen en op hun meer gebruikelijke plaats in oude kerken. Ik zag ze staan op bonnetjes in een natuurvoedingswinkel en afgebeeld op het voorblad van een nationaal tijdschrift. Ik veranderde mijn slaapkamer in wat ik mijn 'engelarium' noemde en hing prachtige plaatjes van engelen aan de muur. Mijn engelenbewustzijn werd geleidelijk aan een niet-aflatende werkelijkheid. Ik ging ze zelfs schilderen en beeldhouwen, met een diepe vreugde. Ook begon ik nu heel bewust levende mensen te ontmoeten die eveneens ervaringen met engelen hadden gehad – alleraardigste mensen die mijn leven bijzonder verrijkt hebben.

Ik gebruik de engelenkaarten in een grote scala van situaties, bijvoorbeeld om inzicht te krijgen in een probleem waarvan ik niet zeker weet hoe ik het moet aanpakken, of om erachter te komen welke keuze het beste is om de grootste vreugde en het beste resultaat te bereiken. Door hen aan te spreken vraag ik de engelen om via de kaarten hun liefde en leiding te openbaren. Ze helpen me bij mijn werk, mijn relaties en zelfs bij mijn financiën. Zij herinneren mij eraan dat als ik mijn ego loslaat, zij als steun en gids dienst doen bij mijn angsten of aarzelingen. Ik heb geleerd erop te vertrouwen dat zij meer weten dan mijn kleine verstand ooit zal kunnen bevatten. Via de kaarten openbaren ze mij richtingen en gebeurtenissen die steevast uitkomen zoals er voorspeld werd.

Het bewustzijn van engelen groeit naarmate we ons openstellen en vertrouwen in hun vermogen ons leven gelukkiger en plezieriger te maken. Het waren de engelen die me deden beseffen wanneer het tijd was om te rusten en op te houden met het moeizame schrijven, of met wat dan ook. Terwijl ik vroeger vaak enorme schuldgevoelens had als ik niet genoeg gewerkt had, vond ik het nu plotseling veel gemakkelijker om mijn tijd efficiënt te gebruiken zodat ik kon schrijven, studeren, cliënten ontvangen en toch nog de mogelijkheid had om te rusten. Engelen leren me voortdurend onvoorwaardelijk van mezelf te houden zoals zij van mij houden. Deze liefde gaat verder dan welk oordeel ik ook mag koesteren over of ik het waard ben of niet. De engelen hebben me met vriendelijkheid en humor geleerd mezelf lief te hebben en te accepteren, wat er ook gebeurt.

Engelen kunnen ook een onderdeel worden van jouw werkelijkheid. Je moet je hart openstellen en een vriendelijke, niet-veroordelende geest hebben om je leven te laten vervullen van hun goedheid. Als je je verdiept in de verschillende soorten engelenleiding die je kunt vinden in *Het orakel van de engelen*, zul je misschien hun lieve en vriendelijke aard voelen en hun genereuze, richtinggevende geest. Ze reiken je manieren aan om vreugde en gemak in het leven te vinden, ze bieden steun en troost als je je verloren of alleen voelt, ze zijn een symbolische schouder waarop je kunt leunen als je terneergeslagen bent of als alles tegenzit. Er bovenal geven ze je de onvoorwaardelijke liefde en het licht van de Bron.

Het is mijn doel en mijn hoop dat je door kennis te maken met de engelen in dit boek deze eigenschappen in jezelf kunt vinden en de projectie van engelen als onderdeel van je eigen Goddelijke Aard erkent – kortom, dat je je eigen engel-eigenschappen ontdekt. Ik hoop ook dat je je prettig zult voelen bij de goddelijke assistentie die je ter beschikking staat als je zoekt naar oplossingen en antwoorden op welke vraag in het leven dan ook.

Ik heb het gevoel dat de meesten van ons, met onze alledaagse, gewone leventjes, geen directe ervaring met engelen hebben gehad. Maar dat betekent niet dat ze er niet zijn, integendeel. Ze zijn actief bezig, hier en nu, en wachten de verschuiving in ons bewustzijn af die ons in staat zal stellen hun bestaansgebied aan te raken. Het is aan ons om onszelf open te stellen voor hun vibratie en hun liefde in ons leven te laten vloeien. We kunnen onze engelen bidden om hulp en advies en hen bedanken voor het goede dat ze ons brengen. We kunnen ook aan specifieke engelen vragen om oplossingen en antwoorden voor bepaalde problemen.

Ik ken niemand die niet wat meer hulp kan gebruiken in de onzekere wereld van vandaag. Relaties staan behoorlijk onder druk doordat we in hoog tempo afglijden van eenvoud, bij het najagen van meer geld, succes, diploma's enzovoort. Velen van ons hebben het contact met onze richtinggevende en beschermende engelen verloren. Maar we kunnen dit contact gemakkelijk en op een vriendelijke wijze herstellen als we de eenvoudige keuze maken ons open te stellen voor hun leidende licht, dat ons om niet wordt aangeboden.

INLEIDING

Van ons wordt verlangd dat we afstand doen van de oude, afgezaagde draaiboeken over wat het leven moet zijn en hoe we het moeten leven. Als we een paar van onze vooroordelen prijsgeven, hebben we een reële mogelijkheid om de weg vrij te maken voor engelen, zodat die onze levens kunnen betreden en onze harten kunnen openen. We hebben allemaal een leidende engel, die op ons let en ons beschermt; we kunnen vaker dan we beseffen 'Hallo' en 'Dank je' zeggen. Deze engel staat altijd voor ons klaar. Heb je ooit het gevoel gehad dat je behoed werd voor een ernstig ongeluk, of dat je het juiste deed op het juiste moment, zelfs het uitspreken van goede en troostrijke woorden om een verdrietige vriend te helpen? Dat gebeurt allemaal met hulp van engelen.

Vertrouw erop dat je hogere zelf je in contact kan brengen met de engelen. Je kunt de engelenkaarten gebruiken om je te helpen bij het vinden van antwoorden op vragen over je leven. Je kunt ze ook gebruiken als een springplank om de engelen beter te leren kennen. Ze willen namelijk dat je hen leert kennen en vertrouwen. Door je voor hen open te stellen, stel je je werkelijk open voor je grootste voldoening en vreugde. Zij wachten op jouw bewuste erkenning. Ze kunnen een ieder van ons de beste hulp, raad, leiding en bescherming bieden die we in het leven nodig hebben. Hoe meer verantwoordelijkheid we als medescheppers van het universum nemen, hoe meer de engelen ons bewustzijn helpen verhogen tot een niveau dat we kennen als het paradijs. Zij zijn er om voor ons te zingen en ons te helpen de vreugde in het hier en nu te vinden, in onze fysieke lichamen op deze planeet, wáár we ook zijn.

Dit boek, *Het orakel van de engelen*, werd in de afgelopen jaren ontwikkeld, geïnspireerd door de engelen die me als mijn persoonlijke gids en bron van steun hielpen bij het vervaardigen ervan. Ik ben heel blij het met jou te kunnen delen en ik vertrouw erop dat het je mogelijkheden zal bieden die positief en verlichtend zijn, zodat je kunt leven volgens je eigen waarheid, je liefde kunt vinden en je je weg eenvoudig en gemakkelijk kunt maken.

Hoofdstuk 1

ENGELEN IN VERLEDEN EN HEDEN

De ziel op z'n hoogtepunt wordt gezien als God, maar een engel benadert het beeld van Hem beter. Dat is alles wat een engel is: het beeld van God.

MEISTER ECKHART, PREKEN

Engelen staan zo dicht bij het goddelijke als we maar kunnen komen. Onze kennis over hen danken we aan beschrijvingen van de lumineuze en mystieke ervaringen van mensen. In onze beschaving zijn deze opgetekend in verslagen over gebeurtenissen die enorme verschuivingen in het menselijk bewustzijn met zich meebrachten. We zien bijvoorbeeld engelen verschijnen aan mannen en vrouwen wier bestemmingen anderen tot groter bewustzijn en morele verantwoordelijkheid zouden brengen.

We beschikken over enorme hoeveelheden literatuur over de hulp en bijstand die de engelen aan de joden van het Oude Testament boden in hun strijd om vrijheid. De Hebreeuwse literatuur heeft groot inzicht in de aard van de liefde en genade die de engelen aan de mensheid schenken. In het Hebreeuws heten engelen *malach*. Geliefde bijbelse verhalen gaan bijvoorbeeld over de engel die Abraham bezoekt om ten behoeve van Isaak tussenbeide te komen, of over de engelen die Daniël helpen en Sadrak, Mesak en Abednego beschermen in de brandende vuuroven.

Het boek Openbaring en de apocriefe boeken beschrijven engelen als de boodschappers van de Heer, die gebruikt worden om zijn liefde voor de mensheid bekend te maken. Lucas vertelt over de aankondiging van Christus' geboorte door de engel Gabriël. Het woord engel is afgeleid van het Griekse woord *angelos*, hetgeen feitelijk 'boodschapper' betekent. Engelen zijn belangrijk in de koran en zij nemen een wezenlijke plaats in in de heilige teksten van de islam. De koran verhaalt hoe Gabriël op een sterrennacht Mohammed naar de hemel droeg en het hele Boek aan hem dicteerde. Dit wordt beschouwd als een heilige gebeurtenis die de hemelse inauguratie markeert van een ethische en heilige code voor elke volgeling van de islam.

Zo hebben drie der belangrijkste godsdiensten van de moderne beschaving de aanwezigheid van engelen gewijd en gezegend. We hoeven alleen maar naar de oude geschriften te kijken die de ruggegraat en grondslag van deze godsdiensten vormen om te begrijpen hoezeer engelen in het verleden als openbarende boodschappers van God handelden. Hoe we deze leringen, met hun vele wonderen, in samenhang met ons alledaagse begrip van nu kunnen beschouwen, is als een achtergrond voor onze huidige ervaring met deze wondere schepsels van licht. We hopen dat conventionele religieuze houdingen ten aanzien van engelen je niet zullen beletten jezelf open te stellen voor het verkrijgen van inzicht in en begrip van de liefde en de genezing die zij ons allen kunnen bieden.

Engelen zijn er eigenlijk voor de hele mensheid, niet voor een bepaalde godsdienst. Ze kunnen ons dienen als tussenpersonen voor persoonlijke groei en spirituele evolutie. Je hoeft de engelen alleen maar ruimte in je leven toe te staan om de spirituele context te creëren waarin je een vermogen ontwikkelt om lief te hebben en liefgehad te worden.

Engelen kunnen een actieve plaats in ons leven innemen omdat we ze nodig hebben voor onze relatie met de Bron. Ook geven ze ons bescherming en richting en kunnen ze ons helpen ons creatieve vermogen te vervullen door ons pad gemakkelijk en effen te maken. Ze helpen door obstakels voor ons welzijn en geluk weg te nemen. In de moderne geschiedenis zijn er twee zeer invloedrijke denkers geweest, Emanuel Swedenborg en Rudolf Steiner, die er mede voor gezorgd hebben dat ons besef van engelen verschoven is van een godsdienstige naar een humanistische visie. Emanuel Swedenborg was een Zweeds filosoof uit de achttiende eeuw. Hij had zeer mystieke ervaringen waarbij hij, zo zegt hij, naar het hemelrijk gevoerd werd en getuige was van de hemelse hiërarchie. In zijn geschriften beschrijft hij de perfecte liefde en harmonie van het koninkrijk der engelen. Hij vertelt hoe de engelen in huizen wonen en in perfecte harmonie en vrede leven. Engelen hebben natuurlijk een hemels bestaan. Volgens Swedenborg trouwen ze, wonen ze samen en verschillen hun levens niet veel van de onze, behalve dat zij zonder wedijver of conflicten zijn en nooit ergens om strijden. Dit is hoe dan ook een heerlijke visie van de hemel, die we ons in die vorm ook wel op aarde zouden kunnen wensen.

Swedenborg beschreef de liefdevolle en welwillende daden van de engelen. Hij zei dat ze op hun goddelijkst waren als ze onderwezen of advies en zorg boden: 'Zij zijn het beeld van de Heer, en zij hebben hun buur dus liever dan zichzelf, en daarom is de hemel de hemel.'

Rond de vorige eeuwwisseling bestudeerde Rudolf Steiner, een Duits geleerde en filosoof, alle vormen van esoterische wetenschappen. Hij voelde een diepe liefde en begrip voor de engelen. Volgens Steiner waren engelen voorbestemd om spirituele onderwijzers te zijn, die de mensheid bijstaan om een hoger niveau van spiritualiteit en innerlijke ontwikkeling te bereiken. Hij zei dat we dichter bij de rijken der engelen komen naarmate we ons meer als spirituele wezens ontwikkelen. Zo meende hij dat de aartsengel Michaël de leidende engel was van onze nieuwe tijd, die de mensheid zou helpen ontsnappen aan de chaotische en sombere toestand waarin zij terecht was gekomen, naar een tijd van grote helderheid en spiritueel bewustzijn.

Een belangrijk onderdeel van Steiners geschriften is zijn beschrijving van hoe de engelen met ons communiceren. Hij stelt dat dit gebeurt door middel van beelden. Volgens Steiner moeten we onze verbeelding en intuïtie ontwikkelen om erachter te komen wat de engelen ons willen zeggen. In feite leidt onze samenwerking met engelen ertoe dat we onze negativiteit en onze gedachtenpatronen over de fysieke werkelijkheid loslaten. Hierdoor kunnen we ons intuïtieve denken ontwikkelen en ons creatieve vermogen vergroten. Door te mediteren over het engelachtige kunnen we onze gedachtenpatronen zuiveren, zodat we openstaan voor de hemelse boodschappen.

Deze boodschappen worden via de rechterhelft van de grote hersenen binnengebracht. Deze helft vervult een synthetische functie bij het vaststellen van informatie, wat betekent dat zij informatie bijeenbrengt en er beelden uit vormt. Dit is het deel van de hersenen dat stimulatie krijgt in de vorm van muziek, kleur en aanraking. Ze gaat uit van beelden en symbolen, zodat conclusies, en niet zozeer resultaten, een metaforische hoedanigheid krijgen. Deze hersenhelft is onderscheidend in plaats van oordelend; ze is inclusief, als het tegenovergestelde van exclusief: waar de linkerhelft informatie verdeelt en in stukjes hakt door middel van analytische processen, ordent de rechterhelft informatie tot een coherent en begrijpelijk patroon.

We krijgen toegang tot de engelenbeelden die we ontvangen via de rechterhelft van de grote hersenen. Daarom is het belangrijk genoegen te scheppen in zowel kunst, muziek en dans als aanraking. Dit stelt ons open voor het deel van ons dat via directe ervaring de Bron bereikt. Eigenlijk zijn we uit op een balans tussen de twee hersenhelften, zodat we onze hersenen zo efficiënt mogelijk kunnen gebruiken.

Volgens Steiner maakt elk beeld dat we krijgen deel uit van een gecodeerde visie van ons ultieme geluk. Hoe meer we onze intuïtie ontwikkelen, hoe meer we uit deze informatie kunnen afleiden. Ook kunnen we dan duidelijke keuzen maken en gezonder en ordelijker leven, waarbij we ons hoogste welzijn altijd dienen en de mensheid helpen zich te ontwikkelen. Naar Steiners gevoel was het doel van engelenonderwijs driedelig. Ieder mens zou zijn eigen band met goddelijkheid vinden; ieder mens zou in vrijheid leven, door de goddelijke Bron in zichzelf en in andere mensen te eren.

Gitta Mallasz geeft ons in haar boek *Gesprek met de engelen*, dat ik al in de inleiding noemde, een buitengewone visie op hoe engelen het leven van vier jonge mensen veranderden, waaronder dat van haar. Zij hielden zich in de Tweede Wereldoorlog schuil in een klein dorpje in Hongarije; de schrijfster was de enige die het overleefde. Wat dit boek zo opvallend maakt is de beschrijving van de hel waarin deze mensen moesten leven en de innerlijke vrede en rust die zij konden bereiken door hun regelmatige contact met de engelen. Dit contact kwam tot stand door een wekelijkse sessie bij een van de vier gedurende anderhalf jaar. Die sessies verschaften hun geestelijk voedsel in een tijd dat bijna de hele wereld in wanhoop leefde. Gitta Mallasz, nu een oude dame, woont in Frankrijk en houdt zo nu en dan radiopraatjes over engelen.

De Amerikaanse schrijver Terry Lynn Taylor schrijft zodanig over engelen dat de godsdienstige bijbetekenis verdwijnt om plaats te maken voor de liefde en verlichting die zij ons zo graag willen geven. Haar boeken brengen ons bij de kern van de vraag waarom wij engelen om raad en bescherming vragen. Zij stelt simpelweg dat zij er zijn om ons vreugde te brengen. Gustav Davidson, een andere moderne auteur, was een wetenschapper met een diepe belangstelling voor engelen. Hij schreef een *Dictionary of Angels*, die ons een schat aan kennis en informatie over deze hemelse wezens biedt. Vele jaren van onderzoek lagen eraan ten grondslag. Wij zijn hem heel veel dank verschuldigd voor zijn buitengewone onderzoek naar een onderwerp dat hem veel vreugde gaf. Hij hielp ook de engelen te ontdoen van de louter godsdienstige associaties en ze in het licht van het alledaags bewustzijn te brengen. Hij hoopte dat zijn werk een handige en nuttige gids zou zijn voor iedereen die het leuk vond om iets over engelen te weten.

De engelen bieden ons de mogelijkheid om ons eigen ik lief te hebben. Zij voeren ons naar de essentie van ons leven door ons te leren dat we, als we onszelf liefhebben, onze diepste waarheid volgen. Zij helpen ons te groeien en verantwoordelijke en liefhebbende mensen te worden die kunnen leven vanuit een kalme en vredige plek. Zij staan ons bij in onze speurtocht naar wie we werkelijk zijn in het diepst van ons wezen, en ook naar hoe we als creatieve, complete mensen kunnen leven. Bijna alle moderne literatuur over engelen biedt ons dit perspectief, dat de essentie verheldert van wat engelen met ons te delen hebben in ons dagelijks leven.

Dr. H.C. Moolenburgh (Nederland) heeft twee boeken geschreven over de ervaringen van mensen met engelen. Er zijn veel andere verslagen van mensen die ons vertellen over hun persoonlijke ontmoetingen met engelen en hoe zij geholpen werden. Sommige zijn wonderbaarlijk en uitzonderlijk, andere zijn eenvoudig en tonen aan hoe gemakkelijk engelen in ons leven kunnen verschijnen als we openstaan voor hun liefde, wijsheid en leiding. Geloof in engelen is duidelijk een persoonlijke keuze. Zij wonen in het rijk van het onzichtbare. Maar hun daden worden ervaren in de vorm van energie die zich fysiek manifesteert en zich uit als een levende realiteit. Hoe weten we of iets echt is? We zien de gevolgen van het vermogen ervan. Als een auto een kind op het nippertje ontwijkt of als hulp bij een probleem uit het niets te voorschijn komt, ben ik er zeker van dat we te maken hebben met het engelenbestaan. Inspiratie komt van iets hogers dan ons rationele, bewuste verstand kan bieden. We kunnen onze analytische linkerhelft van de grote hersenen gebruiken om onze ervaringen te beoordelen, maar als we onze geest openstellen voor een andere mogelijkheid, de mogelijkheid die versterkt is met steun en liefde van engelen, kunnen we hulp vinden als we bedroefd zijn en oplossingen voor problemen die ondoorgrondelijk lijken. Op zo'n moment beginnen we de schoonheid van de engelen toe te laten.

Informatie over de engelen kan nuttig zijn, maar ze is niet onontbeerlijk om met hen in contact te treden. Hoe meer je je kunt openstellen voor de ervaring van de engelen in je leven, hoe beter je ze leert kennen. Boeken kunnen ons helpen om ervaringen van andere mensen te delen, maar zij vervangen ons eigen persoonlijke bewustzijn niet. In werkelijkheid vragen de engelen ons onze intuïtieve gaven te ontwikkelen, zodat we beter kunnen begrijpen wat zij ons willen leren. Als je op je hart gaat vertrouwen en al je gevoelens gaat erkennen als authentieke uitingen van jezelf, kunnen de engelen je verstand en hart sneller bereiken. Dit betekent dat je jezelf vertrouwt en bovenal je ervaring respecteert. Het zijn vaak eenvoudige mensen met simpele ervaringen die de engelen gemakkelijk ontmoeten. Probeer dus eventjes de wereldvisie van je rationele linkerhersenhelft te laten varen en wees bereid je gevoelens en intuïtie open te stellen voor een andere manier van kijken, die je toestaat de wonderen van het universele bewustzijn binnen te trippelen. De liefde van de engelen en de vreugde van het zuiver zijn liggen voor je in het verschiet.

Hoofdstuk 2

DE ENGELEN-KAARTEN

Engelen vormen de inrichting van de zichtbare wereld. Ik beschouw ze als de ware oorzaak van beweging, licht en leven, en van die elementaire principes van het fysieke universum, die, in hun ontwikkeling in onze gevoelens, voor ons de notie van oorzaak en gevolg oproepen, en ook van datgene wat we de natuurwetten noemen.

KARDINAAL NEWMAN

Deze inleiding tot de engelenkaarten bevat een beschrijving van de engelen en hun hemelse en aardse functies. De kaarten zijn zo ontworpen dat ze overeenkomen met de drie hemelrangorden: de Hemel der Formatie, die verband houdt met ons alledaags, materiële leven; de Hemel der Schepping, die menselijke aangelegenheden en relaties siert, en de manier waarop de mensheid omgaat met zijn medemens; en de Hemel van het Paradijs, die ons laat zien hoe we kunnen participeren als medescheppers van het universum, samen met de Bron. De kaarten van deze drie Hemelen zijn te herkennen aan hun verschillende randversieringen. Om je te helpen bij het leren kennen van de engelenkaarten stel ik voor dat je ze verdeelt in de drie rangorden, in de volgorde die in dit hoofdstuk gegeven wordt, en dat je ze je eigen maakt. Je eerste indrukken zijn belangrijk. Lees de belofte op elke kaart – de essentie van de engel en zijn betekenis – en bestudeer de afbeelding. Vertrouw op je instinct met betrekking tot de kaarten en ga er dan over lezen. Op deze manier vorm je je een geheel eigen indruk, die belangrijk voor je is, en zullen de kaarten een uitstekend voorspellend gereedschap voor je zijn.

Elke hemelorde heeft drie soorten engelen. De Hemel der Formatie bevat de bescherming en liefde van de Aartsengelen. Onze persoonlijke Beschermengelen en ook de Vorsten, die heersen over specifieke geografische plaatsen, zetelen eveneens in dit rijk. De Hemel der Schepping bevat de tedere en barmhartige energieën van de Machten, Krachten en Heerschappijen. Dit zijn de engelen die de spirituele aard van menselijke relaties direct beïnvloeden. Zij bieden ons dingen als vrede, sereniteit en harmonie. Ze helpen ons ook verzoening en genade in ons leven te aanvaarden en zij steunen ons om vergevensgezind te zijn. De Hemel van het Paradijs bevat de luisterrijke en machtige energieën van de Serafijnen, Cherubijnen en Tronen. Dit zijn de engelen van liefde, wijsheid en glorie.

De hemelhiërarchie wordt bepaald door de mate van liefde en bewustzijn in elk rijk. Zoals we ons spiritueel op de aarde ontwikkelen, zo ontwikkelen ook engelen zich van het ene niveau naar het andere, terwijl ze hun bewustzijn en liefde uitbreiden. Zij komen door middel van liefde en barmhartigheid dichter bij de Bron. Als boodschappers van God brengen zij het universele licht van liefde in het bewustzijn van alle wezens. Zij dienen de Bron door ons bij te staan in onze ontwikkeling tot waardige wezens – schepsels van licht en liefde.

Als we de engelenkaarten gebruiken als een orakel roepen we de gecombineerde energieën en het bewustzijn op van alle Hemelen. We vragen de gehele hemelse hiërarchie om ons te helpen bij het zoeken naar oplossingen voor onze problemen en ons inzicht te geven in ons leven en de emotionele en spirituele processen die we doormaken. De engelen zijn er om ons te helpen weer in verbinding te komen met de Bron. Ze staan tot onze beschikking en ze kunnen elk moment te hulp worden geroepen.

Het orakel van de engelen pretendeert niet voor al je problemen een oplossing te hebben, maar het kan je helpen de begeleiding en liefde van onze goddelijke vrienden te verkrijgen. Als je de kaarten bekijkt en de eigenschappen van de verschillende engelen leert kennen, valt je misschien de grote mate van liefde op die zij ons kunnen brengen. Elk hemelniveau heeft zijn eigen specifieke functie. Bekijk welke engel, afhankelijk van je eigen bepaalde behoefte aan begeleiding, het beste aansluit bij jouw probleem of kwestie.

Je kunt gedurende je ontwikkeling op verschillende tijdstippen aan verschillende engelen hulp en begeleiding vragen. Als je problemen hebt op het materiële vlak, zoals hoe je je een weg moet banen door de wereld of hoe je de kost kunt verdienen met iets wat je bevrediging geeft, kun je hulp vragen aan een van de Aartsengelen of je Beschermengel. Maar als je speciale problemen zich richten op relaties, inclusief jouw rol daarin ten aanzien van verschillende mensen of één bepaald iemand, pak je misschien de engelenkaarten van de Hemel der Schepping.

De hemelrangorde biedt je een maatstaf waarmee je je eigen niveau van bewustzijn en vermogen tot spiritualiteit kunt vaststellen. Vertrouw erop dat naarmate je meer gaat geloven in engelen, zij je zullen helpen om hogere niveaus van liefde en genoegen te bereiken.

De Hemel der Formatie

Dit is de eerste van de drie hemelniveaus en de engelen van dit rijk – de Aartsengelen, Beschermengelen en Vorsten – staan het dichtst bij de mensheid. Zij vormen ons eerste contact met de engelenrijken en zij bieden ons persoonlijke en transpersoonlijke hulp door orde en geluk in ons leven te brengen. Hun doel is ons te helpen beseffen dat het goddelijke in iedereen en alles om ons heen aanwezig is. Zij verschaffen de geest van liefde en bescherming die van vitaal belang is voor de voeding van onze ziel op het aardse niveau. Zonder een spirituele context waarin we onze wereldlijke ervaringen inpassen, zouden we verloren zijn. Hoe meer we kiezen voor liefde in ons leven, hoe meer we ons voegen naar de hemelse rijken.

De Aartsengelen

De Aartsengelen zijn boodschappers van het goddelijke aan de mensheid. Zij bieden spirituele steun en inspiratie. Zij voorzien ons van openbaringen en zij geven ons alle werktuigen die we nodig hebben voor onze spirituele ontwikkeling. Zij bieden ons ultieme assistentie en hemelse liefde in het dagelijks leven. We krijgen hun licht en kracht om ons terug te voeren naar de macht in onszelf die ons, samen met de Bron, tot medescheppers van het universum kan maken. Zij zijn feitelijk beschermers van de mensheid en ze hebben specifieke functies die de collectieve en universele geest van het menselijk ras bijstaan.

Aartsengelen kunnen stoffelijke substanties binnendringen en zo aardkrachten transformeren, wat ons herinnert aan de beperkingen van ons kleine verstand. Zij tonen ons de grenzeloze realiteit van het goddelijke. Als we hun aanwezigheid aanvaarden, vragen we om wonderen in ons leven. Mensen hebben door de eeuwen heen de Aartsengelen om hulp en steun gevraagd. Een oud joods gebed roept hun hulp aan:

> *Aan de almachtige God,*
> *de Heer van Israël.*
> *Moge Michaël rechts van mij zijn,*
> *Gabriël links,*
> *voor mij Rafaël en*
> *achter mij Uriël,*
> *en boven mij de goddelijke aanwezigheid van God.*

De Beschermengelen

Waar de Aartsengelen de hele mensheid bestrijken, hechten de Beschermengelen zich aan individuen. Beschermengelen waken over de spirituele groei van een individu gedurende zijn leven, en zij beschermen en verdedigen zijn ziel. Elke engel kan vele levens bij een bepaalde ziel zijn en die ziel helpen de lessen van elk leven te koppelen totdat hij uiteindelijk weet dat hij één is met God. Dat weten wordt 'verlichting' genoemd.

Onze Beschermengel zegent alles wat we doen om het welzijn van onze geest te verzorgen. Het kan een veeleisende spirituele oefening zijn die rust of kalmte geeft; het kan iets simpels zijn zoals ons aanmoedigen te gaan ballen op het strand. Kinderlijk plezier en speelsheid kunnen even bevredigend voor de ziel zijn als urenlang mediteren of zelfhulp-therapieën.

In *Het orakel van de engelen* vertegenwoordigen de Beschermengelen de verschillende ontwikkelingsfasen die we in ons leven doormaken. Zij fungeren als symbolen voor de doorgangen die we passeren als we volwassen worden en ons ontwikkelen. Telkens als we in ons leven vastzitten, kunnen we bij deze beschermers aankloppen om advies en hulp. Zij houden van ons en koesteren ons onvoorwaardelijk. Zolang we ons openstellen om hun goddelijke aanwezigheid te aanvaarden, staan ze klaar om ons te helpen.

In de vorige eeuw vond Alexander Carmichael op de verst gelegen eilanden van Schotland een prachtig gebed aan een Beschermengel:

De Beschermengel

Gij, engel van God, die mij onder uw hoede hebt
van de goede genadige Vader
tot de hoedende Koning van de kudde der heiligen,
omring mij deze nacht,

behoed mij voor elke verleiding en gevaar,
bescherm mij op de zee der ongerechtigheid,
en in de smalten, bochten en zeeëngten
behoedt gij mijn bootje, behoed het altijd.

Weest gij een heldere toorts voor mij,
weest gij een gidsster boven mij,
weest gij een begaanbare weg onder mij
en een goede herder achter mij,

vandaag, vannacht en altijd.
Ik ben moe en ik ben een vreemdeling,
leidt gij mij naar het land der engelen;
want het is tijd om naar huis te gaan
naar Christus' hof, naar het Hemelse vrederijk.

De Vorsten

De Vorsten zijn de beschermers, helpers en adviseurs van volken, naties en steden. In de bijbel wordt van hen gezegd dat zij sterke invloed hebben op de bestemming van mensenmenigten. Zij vertegenwoordigen de collectieve geest van verschillende typen van de mensheid en hun gecombineerde aanwezigheid staat gelijk aan de geest van een plaats. Een prachtig citaat dat het Vorstendom goed beschrijft is een regel uit Wallace Stevens' gedicht *Angels surrounded by Paysan*:

> *Yet I am the necessary angel of earth,*
> *Since, in my sight, you see the earth again...*
> (Toch ben ik de noodzakelijke engel van de aarde,
> want in mijn aangezicht zie je de aarde weer...)

De Vorsten helpen de mensheid door zegeningen en adviezen te geven met betrekking tot het welzijn van volken. Deze geesten zijn er om de mens te helpen bij die grote kwesties de het lot van de massa beïnvloeden. De Vorsten trachten de beslissingen van heersers te koppelen aan universele concepten van waarheid en rechtvaardigheid.

In *Het orakel van de engelen* zullen de Vorsten gebruikt worden om de vier windrichtingen aan te duiden, de vier natuurelementen en de vier psychologische functies die het bewuste verstand uitmaken: denken, voelen, zintuiglijke waarneming en intuïtie. Zo staan de Vorsten in direct contact met ieder van ons en met onze levens. Zij richten zich op de psychologische aspecten van de driedimensionale wereld, en zij kunnen ons helpen de essentie van onze toestand te begrijpen.

De Aartsengel
METATRON

Metatron is de meest aardse van de Aartsengelen, aangezien hij ooit een wijs en deugdzaam man was die door God in de Hemel werd opgenomen. Hij is rijk gekleed en heeft in zijn ene hand een pen waarmee hij onze daden optekent in het Levensboek. Hij is in staat ons te helpen om de ware maat der dingen te kennen.

Engelenrijk Aartsengel uit de Hemel der Formatie

Hemelse functie Bijhouden van het *Levensboek* en beschrijven van al onze daden

Gaven voor de aarde Hij helpt ons de juiste maat te vinden voor alles wat we doen, hij handelt als getuige van het goede dat we doen en de liefde die we geven, en hij helpt ons te beseffen dat we liefhebbende en waardevolle mensen zijn

Metatron is de enige engel in de hemelse sferen die ooit menselijk was. Hij heette Henoch en was de zevende aartsvader na Adam. Er staat geschreven dat hij 'ging met God' en dat hij in de hemel werd opgenomen, waar hij een Aartsengel werd. In de joodse geschriften wordt gespeculeerd dat hij de Shekinah is, de engel die de kinderen van Israël uit de woestijn leidde. Ook wordt er gedacht dat Metatron Abraham ervan weerhield zijn zoon Isaak te offeren aan God.

Metatron staat eveneens bekend als de eerste en laatste van de Aartsengelen en wordt afwisselend de Kanselier van de Hemel, de Engel des Verbonds en de Koning der Engelen genoemd. Zijn hemelse taak is het erop toe te zien dat al onze daden in het *Levensboek* worden opgeschreven.

Hij moet het menselijk leven en de menselijke daden ondersteunen en treedt op als de brug tussen het goddelijke en de mensheid. We kunnen hem om advies vragen als we de juiste maat willen vaststellen van alle dingen die we in ons leven doen. Op een bepaald niveau betekent dit dat hij ons helpt de balans te vinden tussen wat we delen en wat we voor onszelf houden.

Metatron kan ons helpen de juiste maat in liefde, werk en vrije tijd te bepalen, zodat we uitgebalanceerd en gezond leven, rijk aan harmonie en kalmte. Hij zal getuige zijn van het goede dat we doen, ook van die uitingen van liefde en goedheid die anderen niet zien. Ook kan hij ons helpen als we ons erg inspannen om iets gedaan te krijgen, van bijvoorbeeld proberen een relatie te laten slagen, afvallen en stoppen met een verslavende of slechte gewoonte, tot volledige overgave aan een zaak of teamwerk.

We kunnen de Aartsengel Metatron bidden onze inspanningen te begeleiden en ons te helpen de juiste maat te vinden voor onze productie en activiteiten. We kunnen hem in onze meditaties vragen ons te assisteren om te weten wanneer 'iets genoeg is geweest' of wanneer we meer moeten doen voor onszelf of voor anderen.

De Aartsengel
MICHAËL

Michaël is een strijder wiens licht de duisternis van negativiteit overwint. Hij staat afgebeeld met een weegschaal om de zielen bij het Laatste Oordeel te wegen, en met een zwaard om Satan en de machten der duisternis te onderwerpen. Hij is degene die de draak doodt – de legende van Sint-Joris gaat direct op hem terug.

ENGELENRIJK Aartsengel uit de Hemel der Formatie

HEMELSE FUNCTIE Opperbevelhebber van de hemelse legers

GAVEN VOOR DE AARDE Hij kan ons helpen sterk te staan tegenover tegenslag, onze persoonlijke negativiteit op te lossen, kracht te vinden als we eenzaam zijn of ons buitenstaanders voelen

De naam Michaël is van Hebreeuwse herkomst en betekent 'Eruitzien als God'. Hij is de Aartsengel die we aanroepen in onze strijd tegen negativiteit. Hij helpt ons het licht in onszelf te vinden. In historisch opzicht is hij de beschermer van zowel Israël als de katholieke Kerk. Hij is de patroonheilige van politiemensen, soldaten en kleine kinderen en hij beschermt ook pelgrims en vreemdelingen. Hij is de vurige strijder, de Prins der Hemelse Legers, die strijdt voor recht en gerechtigheid, en hij leidt hen die in het nauw zitten. Michaël is ook de brenger van geduld en geluk.

Hij wordt geassocieerd met het element vuur, dat het wegbranden van het vluchtige symboliseert, zodat alleen het zuivere en essentiële licht zal blijven schijnen. Hij wordt de weldoende Engel des Doods genoemd, omdat hij ons verlossing en onsterfelijkheid brengt. Hij is de Engel van het Laatste Oordeel en de Weger der Zielen.

In de joodse, christelijke en islamitische godsdiensten wordt Michaël beschouwd als de grootste der engelen. Hij wordt afwisselend de Drager van de Sleutels van de Hemel, de Leider van de Aartsengelen, de Vorst der Verschijning, de Engel van Berouw, Rechtvaardigheid, Genade en Loutering, de Engelenprins van Israël, de Beschermer van Jakob en de Engel van de Brandende Braamstruik genoemd. Hij is een onvermoeibaar voorvechter van het goede en steunt altijd de zwakkeren. Michaël heerst over de eenzame strijder; hij steekt steeds een hand toe om ruzies en problemen te verlichten.

Tot Michaël bidden we om hulp bij het overwinnen van onze negativiteit. Steeds als we vast komen te zitten, kan hij ons helpen onze geest te verheffen zodat we een standvastiger levensvisie krijgen. Hij staat voor ons klaar om ons te leiden en ons te beschermen tegen onrechtvaardigheid, en hij helpt ons open te staan voor het eeuwigdurende. We kunnen hem om hulp vragen telkens als we ons overweldigd of eenzaam voelen en steun nodig hebben.

De Aartsengel
GABRIËL

Gabriël wordt afgebeeld met een lelie in zijn hand, wat een symbool is voor zuiverheid en waarheid. Soms heeft hij een inktpot en ganzeveer bij zich, wat zijn functie als de hemelse overbrenger van het Woord Gods symboliseert. Ook wordt hij wel afgebeeld met een gouden kelk die sterk lijkt op de Graal.

ENGELENRIJK Aartsengel uit de Hemel der Formatie

ENGELENFUNCTIE De waarheid verdedigen en het Woord van God overbrengen

GAVEN VOOR DE AARDE Hij kan ons helpen onze waarheid open en eerlijk te uiten, onze individualiteit te respecteren en eerbiedigen, naar onze intuïtie en innerlijke stem te luisteren

Gabriël is traditioneel de boodschapper van het Woord Gods. Zijn naam betekent 'God is mijn kracht'. Voor hun geboorte verkondigt hij aan alle zielen het mysterie van incarnatie en hij leert ons wat onze talenten en taken in deze wereld zullen zijn. Hij is de patroonheilige van kleine kinderen en koestert en bewaakt het kind dat in ieder van ons schuilt, een kind dat in de ontwikkeling geremd kan worden, dat gewond kan zijn of behoefte aan liefde kan hebben. Hij leert ons ons innerlijke kind te bevrijden met tedere en liefdevolle woorden. Hij beschermt wat natuurlijk en zuiver in ons is.

Alle godsdiensten erkennen Gabriël als de machtigste boodschapper van de Bron. Hij wordt nooit moe het Woord Gods over te brengen aan hen die willen luisteren en die de Bron in henzelf willen vereren. Hij staat bekend als de belangrijkste Ambassadeur voor de Mensheid, de Engel van de Openbaring, de Brenger van Goed Nieuws, Oordeel en Genade. Hij is de Engel van Vreugde en de Geest van de Waarheid.

Gabriël helpt ons de wijsheid te vinden in onze fysieke lichamen en onze persoonlijke waarheden te leren kennen. Hij respecteert de absolute individualiteit van ieder mens. Hij kan ons bijstaan om trouw volgens onze waarheid te leven en onze talenten en gaven te erkennen. Hij kan ons helpen om te leven vanuit de diepe kennis in onszelf die onze door God gegeven vermogens respecteert. Gabriël kan ons ook helpen met succes onze individuele gaven te ontwikkelen en onszelf volledig te uiten.

Gabriëls wezenlijke geschenk aan ons is het voeden van onze kracht en onze overtuiging dat we allemaal, eenvoudig door te zijn wie we zijn, een waardevolle bijdrage leveren aan de geestelijke ontwikkeling van de mensheid. Hij is beschikbaar om ons te helpen de waarheid vast te stellen in situaties waarin er een conflict bestaat tussen wat we weten dat goed is en wat wordt voorgesteld als waarheid. Hij helpt ons te zien wat voor ons het ware is in elke situatie waar ons inzicht en onze intuïtie aangesproken worden om ons te leiden. Gabriël verlicht de weg naar de waarheid in ons hart, en hij helpt ons in te zien wat het juiste pad is naar onze grootste voldoening en vreugde.

De Aartsengel
RAFAËL

Rafaël houdt een staf met een slang eromheen in de hand, het symbool voor genezing. Hij draagt een waterkalebas en voor hem springt de genezende vis in het water. Hij wordt vaak afgebeeld met zijn rechterwijsvinger omhoog naar de hemel, een gebaar van geruststelling en hoop, dat ons eraan herinnert waar de ware genezing vandaan komt.

ENGELENRIJK Aartsengel uit de Hemel der Formatie

HEMELSE FUNCTIE Genezen door middel van vreugde

GAVEN VOOR DE AARDE Hij kan ons helpen de gave van de genezing na te streven; hij laat ons zien hoe we onszelf kunnen genezen en helpt ons de genezing in de natuur en de universele energie te vinden

Rafaël is verantwoordelijk voor de genezing van de aarde en haar inwoners. Hij zou Abraham hebben genezen na diens besnijdenis, en hij is de engel die Mozes een boek gaf over alle geneeskruiden. Het boek Tobit in het Oude Testament verhaalt hoe Rafaël Tobias' vader genas van blindheid met een zalf die gemaakt was van de verbrande galblaas van een grote vis. Rafaël wordt afwisselend de Opzichter der Avondwinden, de Bewaker van de Boom des Levens in de Hof van Eden, en de Engel van Berouw, Gebed, Vreugde en Licht genoemd. Hij is de Engel der Genezing, Wetenschap en Kennis. Hij wordt ook de Engel der Voorzienigheid genoemd, die waakt over de hele mensheid. Zijn naam betekent 'Goddelijke genezer' of 'God geneest'. Rafaël is de spirituele bron achter alle genezingen, en als boodschapper van goddelijke voorzienigheid brengt hij genezing aan allen die heelheid nastreven. Hij staat voor de beslissende, wezenlijke genezing van alle ziekten, dat wil zeggen de terugkeer naar de Bron. Rafaël steunt ons bij de genezing van ons lichaam, verstand en hart. Hij helpt ons gezondheid en heelheid te verkrijgen, en hij biedt hulp aan een ieder die lijdt en genezing nodig heeft; waar mogelijk verlicht hij de pijn. Als we ons hart openstellen voor heling, leidt Rafaël ons naar genezers, therapeuten en adviseurs die hun best doen ons te helpen. Als we meer verantwoordelijkheid nemen voor onze eigen genezing, moedigt hij de genezer in ieder van ons aan die weet wat het beste is voor onze gezondheid en vitaliteit.

Hij kan ons helpen de genezende lessen van ziekte in te zien en te begrijpen wat lijden ons over onszelf kan leren. Als we een gezonde weg kiezen, leidt zijn geest ons naar een maximale gezondheid.

Als we ons gewonde gemoed en hart transformeren, kunnen we Rafaëls vleugels bijna aanraken en tot zijn goddelijke gaven toetreden. Hij is er altijd om ons te leiden naar heelheid en harmonie. We hoeven het alleen maar voor onszelf te willen.

De Aartsengel
URIËL

Uriël is de Heerser van de Zon en de meest stralende van de Aartsengelen. Hij wordt afgebeeld met een vlam in zijn geopende hand. Hij heerst ook over donder en vrees. Soms zien we Uriël met een boek aan zijn voeten, een beeltenis van het boek dat hij aan Adam gaf met alle medicinale kruiden erin.

ENGELENRIJK Aartsengel uit de Hemel der Formatie

HEMELSE FUNCTIE Ons het licht van de kennis van God brengen

GAVEN VOOR DE AARDE Hij kan ons helpen het licht in alle mensen te erkennen, kennis te vinden om te helpen en te genezen, onze innerlijke stem te ontcijferen en te interpreteren

Uriël, wiens naam 'Licht van God' betekent, is de engel die de mensheid kennis en begrip van het goddelijke brengt. Hij is de stralendste van de engelen en is wel afgebeeld als een engel die uit de hemel afdaalt op een brandende strijdwagen die getrokken wordt door witte paarden.

Hij werd afwisselend Vlam van God, Engel der Verschijning en Engel van Verlossing genoemd. Hij staat tevens bekend als de Prins van Licht en uitlegger van profetieën. God stuurde Uriël naar Noach om hem te waarschuwen voor de zondvloed. De bijbel verhaalt eveneens hoe Uriël op een zonnestraal afdaalde naar de hof van Eden en met een brandend zwaard bij de poort stond. Ook is hij de engel die waakt over donder en vrees. Als de Engel van Berouw kan hij ons helpen de wetten van het karma te begrijpen, die eenvoudig gezegd beduiden dat we oogsten wat we zaaien. Uriël helpt ook te begrijpen hoe goddelijke genade werkt en hij brengt ons het besef bij dat we allen gekoesterd worden door Gods liefde.

Hij zou de slimste van alle engelen zijn. Vaak wordt hij afgebeeld met in zijn geopende hand de vlam der kennis, die de mens kan aanwenden voor gezondheid en welzijn. Als deze kennis misbruikt wordt, dan is het Uriël die de goddelijke vergelding brengt. Uriël helpt ons te begrijpen waarom de dingen zijn wat ze zijn. Hij helpt ons te vertrouwen op het goddelijk plan, zodat we kunnen weten, als dingen schijnbaar verkeerd gaan, dat ze uiteindelijk de grootste voldoening en vreugde teweegbrengen.

Uriël helpt ons onze innerlijke stem en dromen te interpreteren. Hij leidt ons naar begrip van onze wezenlijke aard en naar het nemen van meer verantwoordelijkheid voor ons leven. Onder zijn leiding kunnen we onze mogelijkheden als creatieve geesten vervullen. Uriël helpt ons ons innerlijke licht te vinden en, als we de volheid van de liefde en schoonheid in onszelf uiten, even stralend als de zon te worden.

De Beschermengel der
KINDEREN
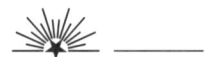

Deze prachtige engel bewaakt en beschermt alles wat nieuw en jong is in het leven, vooral pasgeboren baby's. Hij waakt over alles wat begint te groeien en extra voeding, zachtheid en zorg nodig heeft.

ENGELENRIJK Engel uit de Hemel der Formatie

ENGELENFUNCTIE Het bewaken en beschermen van alle kinderen

GAVEN VOOR DE AARDE Hij kan je helpen je innerlijke kind te beschermen, dat zich geborgen wil voelen; verder te passen op elk nieuw begin in je leven en te eren wat jong en nieuw is in je leven

Deze beschermende engel waakt over alle nieuwe zielen die in aards leven geïncarneerd zijn en helpt moeders en baby's bij de geboorte. Hij adviseert en beschermt ook iedereen die helpt bij het leiden van baby's en jonge kinderen. Elke nieuwe baby en elk jong mens wordt gezegend, beschermd en gekoesterd door zijn Beschermengel.

Deze engel helpt ook bij elk nieuw begin, van nieuwe projecten of relaties. Hij beschermt alles wat nieuw en kwetsbaar is, helpt wat jong is te voeden en te ondersteunen, zodat het sterk en veerkrachtig wordt. Alles wat nieuw is in je leven kan gezegend worden door de liefhebbende en waakzame zorg van deze engel.

Door te bidden tot de Beschermengel der Kinderen kunnen we onze dank betuigen en ons verheugen over het wonder van nieuw leven. We kunnen om raad en bescherming vragen voor alles wat jong en teer is in ons. We kunnen deze zegen vragen voor onze familie, vrienden en collega's, en voor anderen met wie we dagelijks in contact komen. Alles wat jong en teer in ons is, kwetsbaar of zorgbehoevend, verdient een zegen van deze speciale Beschermengel. Hij helpt ook te beschermen wat onschuldig en zuiver in ons is. Dat innerlijke kind dat verlangt naar acceptatie en koestering wordt door je Beschermengel erkend.

De Beschermengel der Kinderen kan ons helpen het kind in ons aan te raken dat eenzaam of zonder liefde is. Ook kan hij ons helpen om diepe wonden te helen, als er een gebrek aan liefde is geweest of zelfs misbruik. We kunnen deze Beschermengel vragen ons te helpen om de pijn, droefheid en verontrustende herinneringen uit ons verleden te verzachten en genezing voor onze geest te vinden. Deze engel biedt de bescherming die elk nieuw begin nodig heeft om te groeien en te gedijen. Hij geeft ons de nodige zorg om kracht te krijgen en stabiliteit te bereiken in nieuwe situaties. Hij zorgt ervoor dat de tere bloemen van elk nieuw begin zich stevig in de grond wortelen.

— ✶ —

De Beschermengel der
JEUGD

De Beschermengel der Jeugd, wiens boog, pijlen en slinger wijzen op atletische bekwaamheid, heeft de levendige energie en het enthousiasme van de jongelingen. De energie van de jeugd is positief en plezierminnend, en deze engel zorgt ervoor dat deze kenmerken overvloedig aanwezig zijn in het jeugdige stadium van ons leven.

ENGELENRIJK Engel uit de Hemel der Formatie

ENGELENFUNCTIE Het bewaken en beschermen van alles wat jeugdig in ons is

GAVEN VOOR DE AARDE Hij kan je helpen te genieten van je jeugdige geest, je vitaliteit te beschermen en te versterken, alles wat jeugdig aan je is te verzorgen

Deze engel bewaakt en beschermt niet alleen jonge mensen, maar hij waakt ook over alles wat jeugdig in ons is. Het valt te verwachten dat zowel mensen als projecten onvolmaakter zijn als ze jeugdig zijn. Hier kan rekening mee gehouden worden en ook met nieuwsgierigheid en experimenteerdrift. In ons leven moeten we ruimte hebben waarin we niet altijd alles goed hoeven te doen. Deze engel geeft ons de mogelijkheid te beseffen dat het geen kwaad kan om een fout te maken. Hij helpt individuen en groepen te ontdekken hoe iets gedaan moet worden door over dit proces te waken en de levendige geest van enthousiasme wezenlijk te beschermen.

De Beschermengel der Jeugd staat onze jeugdige geest toe nieuwsgierig te zijn en van plezier te houden, alle middelen uit te proberen voor groei, expressie en ontwikkeling. Hij moedigt creativiteit en leiderschapsgaven aan en hij activeert jeugdig enthousiasme. Het is deze energie die ons helpt onszelf later waar te maken.

Deze engel respecteert de broosheid van de jeugd en biedt respijt voor de zware last van het nemen van levensbeslissingen en van het lijden onder de fouten die we maken. Deze Beschermengel verzorgt en koestert de opgewekte vrolijkheid in ons allen.

We kunnen bidden tot de Beschermengel der Jeugd om ons te zegenen en ons een constant besef te geven van wat jeugdig en leuk is. We kunnen vragen of hij onze opwinding en ons enthousiasme over nieuwe projecten nieuw leven in wil blazen. We kunnen deze engel ook vragen ons te zegenen met de flexibiliteit van de jeugd, zodat we jong van geest blijven en gemakkelijker onze levensvreugde kunnen hernieuwen. Deze engel biedt ons ook de mogelijkheid om te vertrouwen in het goede van het leven. De onschuld van de jeugd gelooft in het goede en deelt zijn enthousiasme over wat hij meent dat goed is. De engel koestert dit enthousiasme en ondersteunt ons gevoel van plezier in het leven.

De Beschermengel der
PRILLE LIEFDE

Deze engel houdt een vogelpaartje in zijn hand. Hij beschermt de eerste liefdesontluiking en zegent onze zuiverheid zodat we de liefde in ons hart kunnen uiten. Hij moedigt ons aan ons lichaam te respecteren en voorzichtig te zijn met onze gevoelens, opdat onze eerste liefdeservaring prachtig is.

ENGELENRIJK Engel uit de Hemel der Formatie

ENGELENFUNCTIE Het beschermen van een ieder die verliefd wordt

GAVEN VOOR DE AARDE Hij kan je helpen je seksualiteit te waarderen en die met liefde te vereren, de geschenken van liefde en een open hart te koesteren, je eigen tedere gevoelens lief te hebben en te respecteren

---

Dit is de Beschermengel die waakt over de prille liefde en bijdraagt aan het geven van schoonheid en lieftalligheid aan nieuwe en tedere relaties. Het is ook deze engel die ons helpt ons veilig te voelen in een relatie, en die ons in staat stelt te vertrouwen op ons vermogen om gedachten en gevoelens open en vrijelijk te uiten. Deze engel steunt ons om onze eigenwaarde te vergroten en moedigt intimiteit aan met mensen die ons waarderen en ons licht en onze schoonheid zien.

We vragen deze engel ons te zegenen en ons te beschermen tegen mensen die ons beschadigen en manipuleren of die niet eerlijk en open zichzelf prijs durven geven. We kunnen deze engel ook om steun vragen als we ons kwetsbaar of onzeker voelen, en om hulp als we iemand tegenkomen met wie we ons zouden willen verbinden. Hij kan ons helpen risico's te nemen bij iemand die we de moeite waard vinden maar die verlegen of terughoudend is.

Deze Beschermengel leidt individuen naar mogelijke partners en zorgt dat zij zich aangetrokken voelen tot mensen die hun individualiteit respecteren en hun veilig hun zelfbesef laten uiten op een vriendelijke en zachte manier. Het is deze engel die toeziet op en ons leidt naar het sluiten van gezonde vriendschappen die ons diep en blijvend geluk zullen geven.

We kunnen bidden tot de Beschermengel der Prille Liefde telkens als we een verhouding beginnen en hulp en geruststelling nodig hebben; ook kunnen we deze engel aanroepen als onze huidige relatie vastgelopen of verschraald is en om een nieuwe impuls vraagt. Dit is de Beschermengel die de geest van liefde en liefhebbende seksualiteit in ons allen zegent en hernieuwt. We vragen hem onze intiemste relaties te beschermen en te bewaken en de liefdesband te behoeden voor negatieve krachten die kunnen proberen door buitensluiting, scheiding of hoe dan ook een wig in onze meest gekoesterde vriendschappen te drijven.

De Beschermengel der
JONGE VOLWASSENEN

Deze engel draagt de sleutel waarmee we gelukkige, stabiele volwassenen kunnen worden, die in staat zijn het evenwicht te vinden tussen werk en genoegen, die kunnen onderscheiden wat goed en wat niet nuttig voor ons is. Hij zegent ons wanneer we verantwoordelijkheid gaan dragen.

ENGELENRIJK Engel uit de Hemel der Formatie

ENGELENFUNCTIE Jonge volwassenen helpen een duidelijke richting te kiezen

GAVEN VOOR DE AARDE Hij kan je helpen de verantwoordelijkheid voor je leven op je te nemen, de richting te volgen waarheen je hart je wijst, verstandige en zorgvuldige beslissingen voor jezelf te nemen

---

Deze Beschermengel waakt over alle mensen die de eerste schreden zetten op hun levensweg. Dit is de tijd waarin de heilzame verzorging uit de kindertijd z'n vruchten gaat afwerpen. Het is ook de tijd waarin we erop vertrouwen dat we gezonde keuzen voor ons leven maken. Deze engel kan ons helpen eerlijke en duidelijke beslissingen te nemen die onze kansen op groei en ontwikkeling kunnen vergroten. Hij kan ons helpen bij het kiezen van de juiste baan, waarin onze talenten op hun waarde geschat zullen worden; en van de juiste partners die ons de liefde en aanmoediging kunnen geven die we nodig hebben om het maximale te bereiken.

Dit is de engel die ons helpt ons gevoel voor humor te bewaren als dingen verkeerd lijken te gaan of als we het gevoel hebben dat we een waardevolle kans hebben gemist. Deze engel kan ons ook verzekeren dat we altijd op de juiste weg zijn om ons levensdoel te vervullen. Het is essentieel dat we erkennen dat uiteindelijk geleid worden naar dat wat ons de mogelijkheid biedt ons zo veel mogelijk te uiten, hoeveel bochten we ook aantreffen op onze levensweg.

We kunnen tot onze Beschermengel bidden om ons de richting te wijzen voor ons levensdoel. We kunnen om troost vragen als we een verlies lijden of een scheiding ondergaan, of als we ons gekwetst of overweldigd voelen door wat er gebeurt en ons aangeboren vertrouwen geschaad is.

Deze engel zegent en beschermt ons telkens als we het gevoel hebben dat we meer vertrouwen en zekerheid nodig hebben, en hij troost ons als we eenzaam zijn of onzeker over hoe we er het beste van kunnen maken. We kunnen om vertrouwen en zekerheid vragen bij alles wat we doen, waar dan ook. Met behulp van deze engel kunnen we hoop blijven koesteren dat alles wat ons overkomt voor onze grootste voldoening en vreugde is.

De Beschermengel der
VOLWASSENHEID

Deze engel helpt ons verstandige wezens te worden die met verantwoordelijkheden kunnen omgaan en die vruchtbare keuzen maken om vreugde en welzijn te vergroten. Hij laat ons zien hoe we waardig ouder moeten worden. Hij draagt de Lantaarn der Wijsheid, en een trompet, symbool van waardering voor muziek.

ENGELENRIJK Engel uit de Hemel der Formatie

ENGELENFUNCTIE Onze emotionele groei leiden

GAVEN VOOR DE AARDE Hij kan je helpen je groeiproces naar wasdom te begrijpen, jezelf toe te staan dingen te doen waarnaar je altijd verlangt hebt, de verantwoordelijkheden van de volwassenheid aan te kunnen

---

Deze engel helpt ons zorgvuldige en verstandige beslissingen te nemen voor ons welzijn en dat van hen die wij onder onze hoede hebben, of we nu chef, verzorger of ouder zijn.

De Beschermengel der Volwassenheid helpt en adviseert ons bij het dragen van grote verantwoordelijkheid voor wie we zijn of hoe we willen dat ons leven is. Hij helpt ons als we het gevoel hebben dat we onze keuzen niet meer aankunnen en hij steunt ons bij het vinden van het juiste antwoord op vragen waarmee we te maken krijgen in ons werk en onze relaties.

We kunnen bidden tot deze engel om ons te zegenen en te leiden en ons te helpen met wijsheid en inzicht een koers te volgen langs de zandbanken en diepgangen van de levensrivier. We kunnen hem bidden ons naar liefde en plezier te leiden. We kunnen vragen om onze beslissingen uit liefde en niet uit zucht naar macht te laten voortspruiten. Hij kan ons helpen opmerkzaam te zijn op de noden van jongeren of minder verantwoordelijke mensen die aan onze zorg zijn overgelaten. Deze engel helpt ons de vrede en wijsheid te vinden die bij de volwassenheid hoort. We kunnen advies nodig hebben om het verschil te zien tussen wat simpelweg fijn is en wat echt goed voor ons is. We kunnen vragen om de moed om wijsheid te bevorderen, en het vermogen met macht om te gaan opdat we er geen misbruik van maken. We kunnen vragen om veiligheid voor hen die aan onze hoede zijn toevertrouwd. Deze engel kan ons zegenen met zelfrespect en een krachtige persoonlijkheid zodat de beproevingen en moeilijkheden van het leven geen last worden, maar in plaats daarvan onze wezenlijke kenmerken vergroten en ons toestaan stralende, spirituele wezens te zijn.

— ✶ —

De Beschermengel der
GEZONDHEID

Deze engel, die een mand draagt die overvloedig gevuld is met de vruchten van goede gezondheid, zegent ons met een gezonde levensvisie. Hij ziet erop toe dat wij onze kostbare gezondheid goed verzorgen en hij leert ons hoe we onze weerstand en positieve houding kunnen herwinnen na een ziekte.

ENGELENRIJK Engel uit de Hemel der Formatie
ENGELENFUNCTIE Het bewaken en beschermen van je gezondheid
GAVEN VOOR DE AARDE Hij kan je helpen de energie te vinden die je nodig hebt voor de dingen die je graag doet, beter op je gezondheid te letten, en je energie goed te gebruiken opdat je jezelf niet uitput

---

Dit is de engel die waakt over ons welzijn. Met behulp van deze engel kunnen we positieve beslissingen nemen over hoe we ons leven inrichten. Hij kan ons helpen een gezonde en heilzame levensstijl aan te houden die bijdraagt aan ons welzijn en geluk. We kunnen om vitaliteit vragen om alle dingen waarvan we houden te doen en om overvloedige energie te hebben voor alle taken die we moeten uitvoeren. Deze engel steunt niet alleen onze fysieke gezondheid, maar moedigt ons ook aan opdat we spiritueel en emotioneel gezond worden. Voor ware gezondheid moet je evenwichtig zijn in verstand, lichaam en geest, en deze engel kan ons leiden naar dit niveau van heelheid. Zij waakt over ons en beschermt ons tegen ongezonde invloeden.

Als we onze gezondheid willen verbeteren door te sporten, gezond en voedzaam te eten of gezonde uitstapjes en vakanties te houden, dan zet deze engel ons aan om te genieten. We worden aangemoedigd tot een ontspannen levensstijl, een die ons steunt bij het behouden van kalmte en plezier, evenals creativiteit en genoegen.

Als we ziek zijn, waakt deze engel over ons en zij zegent onze medicijnen en remedies met liefde om ons te helpen te genezen en onze vitaliteit terug te winnen. Deze engel let er altijd op dat we niet ziek worden doordat we te hard werken.

We kunnen bidden tot de Beschermengel der Gezondheid, opdat zij ons zegent met een goede gezondheid en ons geneest van alle fysieke, emotionele of geestelijke pijn die we kunnen lijden. We vragen deze engel ons vitaliteit en welzijn te geven zodat we het beste kunnen maken van de taken en projecten die ons bezighouden.

De Beschermengel der
CREATIVITEIT

Deze engel, die een tamboerijn in zijn hand houdt en gekleed is in fraaie gewaden, helpt ons onze levenskracht om te zetten in creatieve daden die muziek, kleur en vorm in ons bestaan brengen. Hij zegent ons met een uitbundige creativiteit in alles wat we doen.

ENGELENRIJK Engel uit de Hemel der Formatie

ENGELENFUNCTIE Het laten floreren van je creativiteit

GAVEN VOOR DE AARDE Hij kan je helpen je leven creatief in te vullen, jezelf goed te uiten bij alles wat je doet, je creatieve talenten (die van de Bron komen) te erkennen

---

Deze Beschermengel waakt over onze creatieve talenten en helpt ons onze zelfexpressie te ontwikkelen. Hij biedt ons steeds mogelijkheden om ons persoonlijke blikveld te verbreden. Hij moedigt ons aan van de wereld een mooiere en prettiger plek te maken. Dit is de engel die onze gevoelens stimuleert, zodat we mooie kleuren zien, fraaie ontwerpen bedenken, prachtige muziek horen en een enorme diversiteit aan goede boeken lezen. Creativiteit neemt heel veel verschillende vormen aan en deze engel inspireert ons tot het uiten van onze levensvreugde in een liefhebbend en zorgzaam universum. Onze creativiteit kan zich uiten in de manier waarop we ons kleden, het eten dat we klaarmaken, de inrichting van ons huis of onze tuin. Zij kan zich uiten in schilderkunst, dans, muziek of literatuur. Met de hulp van deze engel kunnen we altijd creatief zijn. Hij geeft ons de inspiratie om de diepten van ons wezen te veranderen en te transformeren tot die vormen die het meest geschikt zijn om uiting te geven aan onze speciale talenten en verbeelding. Hij zegent alle vormen van onze unieke zelfexpressie en hij wil dat we ons licht delen met anderen, op welke manier we er ook genoegen en plezier aan beleven.

We kunnen bidden tot de Beschermengel der Creativiteit om ons te leiden tot wat mooi, volmaakt en echt is in onszelf, en expressie toe te staan van dit besef. We kunnen zijn zegen vragen om onze individualiteit met gemak te delen, in het besef dat als we onszelf uiten, we er zeker van zijn dat we een bijdrage leveren aan het welzijn van iedereen om ons heen.

Hoe meer we bereid zijn te uiten wie we zijn, hoe meer we feitelijk helpen van deze planeet een mooiere en aangenamere verblijfplaats te maken.

— ★ —

De Beschermengel der
SPIRITUELE GROEI

Deze engel zegent ons opdat we leven in het licht van onze eigen goddelijke aard. Hij houdt de kaars met de vlam der verlichting omhoog en wijst ons op de levenslessen die leiden naar de weg van het hart, waardoor onze geest opgewekt en vrij kan zijn.

ENGELENRIJK Engel uit de Hemel der Formatie

ENGELENFUNCTIE Het beschermen van onze groeiende spiritualiteit

GAVEN VOOR DE AARDE Hij kan je helpen je spiritualiteit te laten schijnen, de bron van al het leven te erkennen, in iedereen om je heen het licht te zien

---

Onze ontwikkeling als spirituele wezens is het primaire doel van onze aardse incarnatie. Deze Beschermengel beschermt onze spirituele groei tijdens ons leven door altijd onze ziel te verdedigen. Deze engel zegent al onze daden die het welzijn van onze geest verzorgen, in feite de dingen die liefdevol en eerbiedig voor onszelf zijn. Hij helpt ons te ontdekken wat we moeten erkennen: het feit dat we liefgehad en gekoesterd worden. Als onze geest plezier nodig heeft, dan zal deze engel ons aanmoedigen op te fleuren en misschien het gezelschap van een goede vriend op te zoeken en te genieten. Deze engel leidt ons naar de kleine genoegens die ons helpen voor onze behoeften te zorgen en onszelf te waarderen. Hij moedigt ons aan manieren te vinden die passen bij onze bedoelingen en ons oordeel en die ons wezen vergroten en verzorgen. Zijn advies kan heel eenvoudig zijn, zoals aangeven dat we rust moeten nemen en gaan wandelen op een zonnige middag, of een heet bad nemen met etherische oliën. Onze spiritualiteit bloeit op als we voor onszelf zorgen. Deze engel zorgt ervoor dat we de mogelijkheid hebben om activiteiten en mensen te kiezen die onze geest steunen bij haar groei en bloei. Hij zegent ons met liefde, zodat we de gratie van onze ziel voelen en de zon in ons hart laten schijnen.

We kunnen bidden tot de Beschermengel der Spirituele Groei, opdat we geleid zullen worden naar die mensen en boeken die het beste onze spirituele ontwikkeling kunnen bevorderen. We kunnen vragen om zelfbewustzijn zodat we ons kunnen afstemmen op onze eigen gevoelens. Het kan zijn dat we stilte en rust nodig hebben om onze innerlijke stem te horen en de verlangens van ons hart te kennen. We bidden dat zij die spirituele waarheden onderwijzen een open hart hebben en medeleven met hen die zoeken naar advies en ontwikkeling. We vragen deze engel de zoekers en de meesters te zegenen opdat we beseffen dat we allemaal één zijn met de Bron.

Deze engel leert ons het belang van vertrouwen en hij moedigt ons aan ons vertrouwen in de goedheid van het leven vast te houden, zelfs als de dingen veranderen en we vol onzekerheden zijn. Hij inspireert ons als we zoeken naar ideeën en hij leidt ons voortdurend naar het besef dat we een aspect zijn van Gods liefde.

De Beschermengel der
DIENSTVERLENING

Deze engel heeft een duif op zijn hand, die hulpvaardigheid symboliseert. Hij zegent een ieder die zijn levenskracht inzet om van deze planeet een gelukkiger en prettiger leefoord te maken, en brengt het licht der goddelijke genade bij allen die bereid zijn hun leven te wijden aan het dienen van anderen.

ENGELENRIJK Engel uit de Hemel der Formatie
ENGELENFUNCTIE Ons leren hoe we moeten geven uit ons hart
GAVEN VOOR DE AARDE Hij kan je helpen de aard van het geven aan anderen te begrijpen, jezelf toe te staan iets te krijgen, de spirituele functie van dienen te waarderen

---

Deze Beschermengel zorgt voor en zegent iedereen die dient. Zij die in hun hart voelen dat ze graag willen helpen, maken van deze aarde voor ons allen een vrediger en vruchtbaarder oord. Deze engel biedt energie, inspiratie, contact en middelen aan degenen wier hoogste doel het welzijn van ons allen is, zodat ze hun diensten op de best mogelijke manier gedaan kunnen verlenen.

Deze diensten kunnen verleend worden vanuit plaatselijk of centraal bestuur, of vanuit de warme liefde en zorg van vrijwilligers, helpers of therapeuten; het kunnen eenvoudige persoonlijke diensten van hulpbiedenden zijn. Eigenlijk kan van iedereen die op een of andere manier menslievende bijstand biedt, gezegd worden dat hij of zij een dienst verleent.

Deze mensen worden gezegend door waardering en erkenning van het feit dat hun diensten van betekenis zijn voor het leven van anderen. Deze wereld zou minder mooi en werkbaar zijn zonder de inzet van zovelen die hun tijd en energie geven aan de verbetering van iedereen.

We kunnen bidden tot de Beschermengel der Dienstverlening om ons de innerlijke en uiterlijke middelen te helpen vinden, opdat we naar vermogen kunnen geven, om jong en oud te helpen, om onze kerken en tempels te dienen en om deel te nemen aan politieke beslissingen over onze buurt of ons bestuur.

Dienstverlening is de manier waarop we kunnen participeren in onze gemeenschap en een echte en blijvende bijdrage kunnen leveren aan het welzijn van anderen. We vragen zegeningen voor allen die op een of andere manier dienen, opdat deze wereld voor iedereen beter wordt.

— ★ —

De Vorst van het
ZUIDEN

> ALLE PIJN EN SPANNING VERDWIJNEN ALS IK OP EEN ZEE VAN GODDELIJKE LIEFDE DRIJF

Deze engel heerst over het element aarde en de psychologische functie van zintuiglijke gewaarwording. Hij heeft een bundel tarwearen in zijn hand, om zijn band met de vruchten der aarde te benadrukken. Hij inspireert ons om toegewijd en oplettend te zorgen voor onze planeet en de noden van onze fysieke lichamen.

ENGELENRIJK Engel uit de Hemel der Formatie

HEMELSE FUNCTIE Het leiden en beschermen van de mensenmassa in zijn rijk

GAVEN VOOR DE AARDE Hij kan je helpen je goed te voelen in je lichaam, je bewust te worden van je zintuigen, je energie te aarden zodat je je gaven kunt manifesteren en je dromen kunt uitvoeren

---

Deze engel geeft ons advies met betrekking tot alle aspecten van het 'aarden' van onszelf in de materiële realiteit. Hij zegent onze zintuigen zodat we in en door ons fysieke lichaam de wereld om ons heen geheel kunnen ervaren. We gebruiken het element aarde om onze spiritualiteit in de wereld van vorm te gronden, en dit stelt ons in staat onze grootste verwachtingen te manifesteren en onze dromen te realiseren. Om creatieve gedachten om te zetten in fysieke vormen moeten we al onze zintuigen zo goed mogelijk gebruiken. Door onze energie te aarden krijgen we structuur, stabiliteit en zekerheid, zodat we onze ware creatieve aard kunnen realiseren.

We kunnen bidden tot de Vorst van het Zuiden dat hij onze zintuigen zegent en ons helpt onze dromen te verwezenlijken. Deze engel zegent ons ook met lichamelijke kalmte, zodat we geen spanning voelen en we meer kunnen genieten. Als we lichamelijk in orde zijn, laten we goede energie los, wat genezend is voor ons en de mensen die ons omringen. Door feitelijk gelukkig te zijn dragen we ertoe bij de planeet leefbaarder te maken.

De Vorst van het Zuiden moedigt ons aan naar ons lichaam te luisteren en zorgvuldig met onszelf om te springen. Dat wil zeggen dat we goed op onszelf passen, dat we ons lichaam zorgzaam en bedachtzaam voeden, kleden, ontspannen en trainen. Onder leiding van deze engel kunnen we verstandige huisbewaarders worden van de tempel die de geest huisvest. Deze engel kan ons helpen te stoppen met verkeerde gewoonten die het lichaam verzwakken. Onze zintuigen zijn op hun best als we ons gezond voeden, kleren van natuurlijke vezels dragen, voldoende rusten en ruimschoots sporten en voldoende ruimte hebben om onszelf te zijn. We vereren deze engel als we onze fysieke vorm in ere houden, en hij zegent ons op zijn beurt. Deze engel moedigt ons aan en steunt ons bij onze inspanningen om geaard te zijn op het aardoppervlak en om onszelf te uiten en te delen met anderen.

De Vorst van het
NOORDEN

Deze engel heerst over het element lucht en de psychologische functie van het denken. Hij draagt de zon van het bewustzijn. Hij steunt en helpt bij alle inspanningen voor helder en lucide denken, en hij moedigt ons aan het evenwicht te vinden tussen deze bovenmatig gebruikte functie en de drie andere functies.

ENGELENRIJK Engel uit de Hemel der Formatie

HEMELSE FUNCTIE Het aanmoedigen van de mensenmassa en assisteren van wereldleiders bij rationeel denken

GAVEN VOOR DE AARDE Hij kan je helpen positieve en bevestigende gedachten te blijven hebben, helder en gericht te denken, je gedachten te gebruiken voor verrijking en bijzondere vreugde

---

Door positief te denken en begrip te tonen, kunnen we onze vrijheid en individualiteit uiten. Deze Vorst helpt ons onze ideeën aan anderen over te brengen en hij steunt ons bij het formeren van een plan om rationeel te leven. Helder denken maakt dat we zuinig zijn met onze energie en verstandig bij onze daden.

We kunnen bidden tot de Vorst van het Noorden om ons te zegenen met inzicht en ons te helpen helder te denken. We kunnen ook om hulp vragen bij het uiten van gedachten, zodat onze ideeën duidelijk worden en gemakkelijk door anderen worden begrepen en aanvaard. Deze engel kan ons helpen moeilijke denkbeelden te begrijpen, bijvoorbeeld nieuwe ideeën die moeilijk te verwerken zijn, of ideeën die vreemd zijn aan ons geloofssysteem. Deze engel helpt ons onbevooroordeeld te blijven en onze ideeën over het leven en het universum te verbreden. Hij kan het ons vergemakkelijken iets te leren dat moeilijk te bevatten is.

We vragen de Vorst van het Noorden ons te zegenen met het vermogen om ons negatieve denken om te zetten in gezonde, positieve gedachten die een grote zelfwaardering en zelfrespect weerspiegelen. We vragen om positief, helder denken, hetgeen ons zal helpen door een duistere situatie heen te kijken naar een flonkerende toekomst die gevuld is met goede dingen voor ons en onze geliefden.

De Vorst van het Noorden kan ons helpen ons vermogen tot helder denken te vergroten. We kunnen bidden dat hij onze voorhoofdchakra opent om onze rationele en conceptuele processen te verhelderen. We kijken ernaar uit ons denken te verbreden door middel van uitstekende scholing en oefening. Goede bibliotheken en verheffende boeken helpen ons onze talenten te ontwikkelen en deze engel kan ons steunen opdat we een optimaal werkende intelligentie hebben. Hij kan ons helpen bij onze voortdurende intellectuele groei en ontwikkeling. Hij kan ons laten zien hoe we open kunnen blijven staan voor nieuwe ideeën en tegelijkertijd kritisch kunnen zijn ten aanzien van de keuzen die we in ons leven maken.

De Vorst van het
OOSTEN

De Vorst van het
OOSTEN

IK ZUIVER MIJN GEEST DOOR MIJN WAARDE
TE BEVESTIGEN EN MIJN KEUZE VOOR LIEFDE
TE RESPECTEREN

Deze engel heerst over het element water en de psychologische functie van voelen. Hij draagt een kelk, waarin het levenswater zit, en zweeft boven de zee, die staat voor ongedifferentieerde emotie. Deze engel helpt ons onze gevoelens te uiten en onze emoties in evenwicht te brengen.

ENGELENRIJK Engel uit de Hemel der Formatie

HEMELSE FUNCTIE De massa helpen haar gevoelens te uiten

GAVEN VOOR DE AARDE Hij kan je helpen je gevoelens te aanvaarden, je hart open te leggen, je vrij te voelen om jezelf en je intiemste gevoelens te uiten

---

Onze gevoelens vormen een sterke en elementaire kracht, die grote golven van emotie kan losmaken. Gevoelens die niet geuit worden, gaan gisten en vormen een onbewuste macht op zichzelf, die uiteindelijk tot uiting moet komen en opgelost moet worden. Als we echter openstaan voor gevoelens, stromen emoties als water. Wat we wensen is een evenwicht waarin we ons bewust zijn van gevoelens en ze ook kunnen uiten. We willen voelen wat echt voor ons is in plaats van onze levenskracht te onderdrukken in opgekropte emoties. Onderdrukte woede, triestheid of bezorgdheid zullen ons onvermijdelijk in situaties brengen die als een magneet kunnen werken en zo onze gevoelens naar boven trekken. Als we ons er niet van bewust zijn, kunnen onze emotionele projecties ons het gevoel geven dat we het slachtoffer zijn van een situatie, in plaats van te erkennen dat deze ontstaan is door onze niet-geuite emoties.

De Vorst van het Oosten helpt ons en begeleidt ons om de rijkdom van onze gevoelens te ervaren en om aanvaardbare en creatieve uitlaatkleppen ervoor te vinden. Hij zegent ons telkens als we onze emoties eerlijk erkennen en hij helpt ons negatieve gevoelens om te zetten in aanvaardbare creatieve expressie. Hij laat ons zien hoe we onze gevoelens moeten uiten door schilderen, zingen of dansen zodat ze niet opgesloten blijven zitten in ons onderbewustzijn, waar ze situaties opwekken die alleen maar meer pijn zullen geven. We kunnen deze engel bidden om hulp bij het accepteren van onze gevoelens zodat we onszelf niet veroordelen vanwege die gevoelens. Als we onszelf toestaan te voelen, zijn we verbonden met de diepten van onze geest. De Vorst van het Oosten biedt ons de steun en troost die we nodig hebben om onze gevoelens te ervaren en te uiten. Als we dat doen leven we vollediger, in de hoofdstroom van het leven. Als we onze gevoelens laten stromen, schenken we onszelf bevrijding en stellen we onszelf beter in staat te zijn wie we werkelijk zijn. Met elke uiting van droefheid of woede die we erkennen en integreren in onze persoonlijkheid groeien we en worden we rijper. We kunnen onszelf alleen echt sterker maken als we onze gevoelens ruimte geven. Deze engel wil dat we ons veilig voelen bij wat we voelen.

De Vorst van het

WESTEN

Deze engel heerst over het element vuur en de psychologische functie van intuïtie. Hij draagt een toorts, een zinnebeeld van intuïtieve verlichting. Het vuur van de intuïtie kan de kloof openen tussen de zichtbare en onzichtbare wereld. Het geeft ons toegang tot de diepte van onze kennis, die opgesloten zit in ons cellulaire geheugen.

ENGELENRIJK Engel uit de Hemel der Formatie

HEMELSE FUNCTIE De massa toegang verlenen tot de hemelse rijken

GAVEN VOOR DE AARDE Hij kan je helpen de ware aard van mensen en situaties te begrijpen, je intuïtie te ontwikkelen en op je innerlijke kennis te vertrouwen, het leven via andere dimensies te ervaren

---

Intuïtie is de capaciteit om onze innerlijke waarheid te kennen. Het is een niet-rationele functie die uit een hele diepe plaats in ons komt, die waarschijnlijk ons eerste niveau van begrip vormde. Het is een voorloper van rationeel denken die dichter bij onze voelfunctie staat. Intuïtie is het vermogen om diep van binnen te weten dat iets waar is. Het is de meest echte manier en in een bepaald opzicht de meest directe manier om de waarheid van jezelf en anderen te zien.

De Vorst van het Westen stelt ons in staat informatie te verzamelen die we vervolgens positief kunnen gebruiken voor onze groei en ontwikkeling. Onbewust gebruiken we altijd onze intuïtie als we bepalen of iets of iemand goed voor ons is of dat we veilig zijn. We kunnen ons besef van deze functie verscherpen door ons bewustzijn te vergroten en door te oefenen in het luisteren naar onze innerlijke stem.

De engelen uiten zich in het algemeen aan ons via beelden, die wij vervolgens interpreteren met ons rationele verstand. Maar om de leiding die we krijgen vanuit de hogere spirituele rijken volledig te begrijpen, hebben we een duidelijk gerichte intuïtie nodig. We moeten de signalen die door ons verstand filteren bewust kunnen lezen zodat we ze kunnen ontcijferen.

We bidden tot de Vorst van het Westen om ons vermogen tot intuïtie en innerlijke kennis te ontsluiten en ons te helpen deze gave te gebruiken. Dit betekent dat we bereid moeten zijn om de projecties te erkennen van onze emoties op de mensen en de wereld om ons heen. Zulke projecties weerhouden ons er vaak van een situatie duidelijk onder ogen te zien. We kunnen de Vorst van het Westen vragen ons te helpen afstand te nemen van onze projecties zodat onze innerlijke visie duidelijk en zuiver is.

Een heldere visie en intuïtie zijn gaven van mystici en ze kunnen door iedereen die dit type kennis waardeert, ontwikkeld worden, al stonden ze tot voor kort niet in hoog aanzien in de westerse wereld. Deze engel biedt ons het besef van een onzer aangeboren talenten als we die willen gebruiken voor onszelf.

De Hemel der Schepping

De Hemel der Schepping is het tweede niveau van de hemelse rijken. We kunnen in verbinding komen met zijn zeer verfijnde energie om onze persoonlijke relaties te verlichten. De engelen uit dit rijk heten de Machten, Krachten en Heerschappijen. Zij allen helpen ons om elkaar lief te hebben en te begrijpen.

Veel mensen vinden relaties beladen en zwaar. De engelen van de Hemel der Schepping helpen ze gemakkelijker te maken, zodat we betekenis en intimiteit in ons leven hebben. De engelen doen hun best ons te leren elkaar zo veel mogelijk te koesteren. In iedereen zit het hart van een engel. Als we dat maar kunnen laten blijken, zouden we allemaal gelukkig zijn. De engelen van de Hemel der Schepping geven ons de middelen die we nodig hebben om onze relaties goed te laten zijn. Ze proberen ons altijd de gezonde en heilzame manieren te laten zien waardoor we kunnen bloeien als vrije en creatieve geesten.

In relaties kunnen we onszelf leren kennen. Deze engelen helpen ons onze beperkingen te aanvaarden, onze horizon te verbreden en onze kracht te ontwikkelen. Zij bevatten de passende spiegel van onze ziel. Ze helpen ons onze eigenwaarde te identificeren, ons vermogen tot liefde, genoegen en humor te ontwikkelen. Zij onderrichten ons over onze integriteit of wijzen ons terecht als we samenzweren met anderen.

Relaties toetsen onze principes over loyaliteit, vertrouwen en eerlijkheid. Ze helpen ons onze noden te zuiveren en te kijken naar onze ambities en verlangens. Ze laten ons de hoogte- en dieptepunten van onze emoties zien. Door middel van relaties onderwijzen de engelen ons over liefde en wijsheid. Zij geven ons de sleutel tot vrijheid en vertrouwen als ons leven door ongeluk verduisterd is. Zij zijn er om het pad te effenen opdat onze relaties ons plezier en genoegen kunnen brengen.

De engelen willen dat we gelukkig, opgewekt en vrolijk zijn. Hun doel is ons in alle opzichten tevreden te laten zijn. Ze bieden ons hun steun en liefde zodat wij genoegen kunnen vinden. Ze koesteren en beschermen onze ziel zodat wij in vrijheid kunnen leven en onze creatieve aard volledig kunnen uiten. De engelen zijn versterkers van het leven, die onze groei vergemakkelijken door ons te onderwijzen over de oneindige macht van de Bron. Engelen herinneren ons eraan dat we de vrijheid hebben om ons leven zo aangenaam en gelukkkig te maken als we maar willen. Dan is het aan ons om dat waar te maken en onze dankbaarheid te tonen voor alles wat ons is gegeven, want er kan geen echte genezing zijn zonder dankbaarheid. Hoe meer we ons hart openstellen voor vrede, vrijheid en verzoening, hoe meer we leven en hoe groter ons genoegen is.

De Machten

Om een vredesengel, een trouwe gids, een bewaker van onze zielen en lichamen, laat ons de Heer smeken...
LITURGIE VAN DE OOSTERSE ORTHODOXE KERK

De beschermende en leidende engelen die de Machten genoemd worden, zijn de engelen die ons specifiek vrede, harmonie en sereniteit geven. Hun hemelse functie is het bewaken van onze ziel, die het beste gedijt in een atmosfeer van kalmte en rust. Als we uit zijn op een vredig leven helpen de engelen ons om de emotionele beroering van ons leven te transformeren in sereniteit. Zij weten dat we gelukkiger en gezonder zijn als er rust is in onszelf en in onze wereld. Dan hebben we de kans om emotioneel te gedijen en creatieve wezens te worden. Maar zij benadrukken dat het een vrije keuze van ons is als we zo willen leven. Ze leggen het nooit op, maar wanneer we uit een zware levensstrijd opduiken als volmaakte en geïntegreerde mensen, laten ze onze vrije keus bloeien en floreren.

Als we kiezen voor rust helpen de Machten ons de beladen en dramatische elementen in ons leven los te laten. Zij helpen ons vredige, zachtaardige manieren te vinden voor onze ziel om te gedijen en te floreren zodat we uiteindelijk gelukkig kunnen zijn. Een vredesgebed uit het evangelie van de essenen verwoordt het aldus:

O, hemelse Vader!
Breng op uw aarde de heerschappij der Vrede!
Dan zullen wij ons de woorden herinneren
van hem die lang geleden
de kinderen van het Licht onderrichtte;
ik geef de vrede van uw Aardse Moeder
aan uw lichaam,
en de vrede van uw Hemelse Vader
aan uw geest.
En moge de vrede van beiden
heersen onder de zonen van de mens.

Komt tot mij, allen die moe zijn
en die strijden in twist en pijn!
Want mijn vrede zal u sterken en troosten.
Want mijn vrede is overvloedig gevuld met vreugde.

De Krachten

De Krachten onderwijzen ons de vrijheidsliefde en de heiligheid van geloof. Hun hemelse functie is onze gedachten om te zetten in materie. Zij zijn de essentiële link in het proces dat we manifestatie noemen. Dit betekent dat wat we wensen en verlangen in materiële werkelijkheid kan worden omgezet door onze krachtige bedoeling dat te creëren. Om een wens in ons alledaags bestaan tot werkelijkheid te maken, moeten we erin geloven dat we kunnen krijgen wat we willen. Als we aanvaarden dat iets een reële mogelijkheid kan worden, in plaats van slechts een idee en we vertrouwen erop met heel ons hart, dan zal het in ons leven verschijnen, als het voor onze grootste voldoening en vreugde is. De Krachten helpen het manifestatieproces verder door onze dromen werkelijkheid te laten worden. Zij leren ons dat we vrij zijn te verlangen naar alles wat naar ons gevoel genoegen en geluk zal geven. Zij helpen ons leven te ontplooien zoals wij dat graag willen. Zij herinneren ons eraan hoe belangrijk het is om te vertrouwen op het positieve en creatief te denken.

Ze geven ons de lessen van vrijheid, vertrouwen en geloof. Wij worden gesteund door het feit dat zij ons leiden door zware en moeilijke tijden. Zij helpen ons die eigenschappen te waarderen en te koesteren, want zij weten dat iets dat die eigenschappen niet omvat onmogelijk is in termen van echte en blijvende manifestatie.

Wij zijn de vrijheid zelve, en toch zijn zoveel van onze relaties uitingen van samenzwering en mede-afhankelijkheid en niet van ons meer ontwikkelde en vrije zelf. Er is, terwijl we groeien, vertrouwen in het levensproces zelf nodig om te weten dat we ons bewegen in de richting van het Licht en onze eigen individualiteit. Geloof is de belangrijkste eigenschap om te weten dat alles mogelijk is en dat we echt beschermd en geleid worden.

De Heerschappijen

De engelen prijzen de lof van hun Heer
en zij vragen om vergeving voor wie er op de aarde zijn

KORAN XLII:5

De Heerschappijen bieden de mens de eigenschap van genade. Zij helpen ons ons verleden te zuiveren en vergevensgezind te zijn. Zij brengen ons ook wijsheid, waardoor zij ons in staat stellen goed te leven. Zij helpen ons vollediger in het heden te leven door de hinderlijke energie van voorbije conflicten los te laten, die onze geest zwaar kan bedrukken en onze creatieve kracht kan blokkeren.

De Heerschappijen zijn engelen met een groot inzicht en grote gevoeligheid. Zij weten dat voor de meesten van ons vergeving een van de moeilijkste dingen is die men van ons kan vragen. Zwaar lijden, soms generaties lang, is een voedingsbodem voor haat en pijn. Deze goddelijke geesten overreden ons keer op keer zachtjes de kettingen van onze negativiteit te laten vieren. Zij verzachten liefdevol de last van ons lijden en laten ons het verleden vergeten en het hier en nu steviger omarmen.

Machten: de Engel van
VREDE

De Engel van
VREDE

IK STEL MIJN HART OPEN EN RUST
IN DE VREDE DER GODDELIJKE LIEFDE

Deze engel wijst op de zegeningen die vrede kan brengen. De wervelende mantel hult hem in hemelse vrede. De vliegende duiven symboliseren zowel het verdwijnen van onze oerangsten als de weldaden van vrede, bijvoorbeeld kalmte en tevredenheid.

Engelenrijk Engel uit de Hemel der Schepping

Hemelse functie Onze zielen naar vrede leiden

Gaven voor de aarde Hij kan ons helpen tegengestelde krachten in ons leven te verzoenen, oplossingen te vinden voor conflicten en paradoxen, ons leren hoe we in vrede met onszelf kunnen leven

---

De Engel van Vrede kanaliseert de energie die we nodig hebben om conflicten en paradoxen in ons leven op te lossen. Hij helpt ons te leven in overeenstemming met onze noden en wensen, door ons de mogelijkheid te geven op een vreedzame manier te floreren. Deze engel effent het pad naar vrede zodat we liefde kunnen vinden en onszelf kunnen accepteren. Vrede geeft ons de kans in overeenstemming met ons natuurlijke ritme en onze natuurlijke cycli te leven, zodanig dat onze potentiële vaardigheden en talenten aan bod komen. Als we eenmaal onze oerangsten over het basale zelfbehoud hebben losgelaten, leren we te vertrouwen op de welwillendheid van het leven. Velen van ons kunnen dit niveau bereiken naarmate we volwassen worden en nadat we een crisis, pijn of verlies, doorstaan hebben, enkel om te ontdekken dat we in ons binnenste gezond en helemaal in orde zijn. We kunnen ervoor kiezen ons te identificeren met dit deel van onszelf als we ons hart openstellen voor de Engel van Vrede.

Als we onze innerlijke conflicten eenmaal hebben opgelost, krijgt ons leven een dieper gevoel van vrede en regelmaat waardoor we kunnen bloeien als de unieke en creatieve wezens die we zijn. We kunnen pas echt creatief zijn als we in vrede leven. Anders zijn we beperkt door het voortdurend herhalen van de pijnlijke trauma's van ons leven. We kunnen bidden tot de Engel van Vrede om vrede te brengen op onze planeet, vrede aan onze familie en vrienden en, het belangrijkste, vrede voor onszelf zodat we de dilemma's en paradoxen die we tegenkomen, kunnen oplossen. Zo kunnen we uiteindelijk tot rust komen in de zekerheid dat wij een vitaal onderdeel vormen van de schepping en een rol kunnen spelen die de moeite waard en zinvol is.

We kunnen ons tot deze engel wenden voor gemoedsrust, zielerust en vrede in ons hart terwijl we innerlijk rustiger worden en minder reageren op externe conflicten om ons heen. Deze engel zal ons naar gezonde situaties leiden en naar mensen die ons in vrede laten leven. Deze vrede is blijvend en standvastig en wij kunnen telkens als we haar nodig hebben haar kracht aanspreken. De Engel van Vrede biedt ons zijn geschenk aan telkens als we onder druk staan en gespannen zijn.

Machten: de Engel van
SERENITEIT

De Engel van Sereniteit houdt de duif in zijn hand die de sereniteit van het leven symboliseert. De kalme houding wekt de rust en vrede op die het geschenk zijn van deze engel. Sereniteit is een zegen die ons in staat stelt ons veilig en aangenaam te voelen. Met het geschenk der sereniteit kunnen we vruchtbaar in ons leven zijn.

ENGELENRIJK Engel uit de Hemel der Schepping
HEMELSE FUNCTIE Onze ziel sereen laten zijn
GAVEN VOOR DE AARDE Hij kan ons helpen sereen te leven; oplossingen voor conflicten te vinden; het hoogste geluk in onszelf te vinden

---

De Engel van Sereniteit danst met ons als we in dagelijkse strijd en conflicten verwikkeld zijn. Deze engel wenst ons de rust van sereniteit toe en zal onze dromen vaak stimuleren om een visioen te creëren van hoe het leven kan zijn als we maar durfden te leven vanuit die plek binnen in ons. Deze engel zal ons altijd aanmoedigen ons afzijdig te houden van strijd en conflict. Het geschenk der sereniteit bereikt ons als we onze strijd en negativiteit hebben opgegeven. Het is een geschenk waar zo nu en dan aan getornd kan worden, maar als we het eenmaal kennen zullen we het altijd willen hebben. We kunnen deelnemen aan bovennatuurlijke en esoterische praktijken om te proberen deze toestand te bereiken. In werkelijkheid is sereniteit, net als vrede, er altijd voor ons als we ons leven vertragen tot een tempo waarin we onze gevoelens kunnen voelen en afstemmen op de enigheid van de Bron. We kunnen bidden tot deze engel om ons een beetje sereniteit te geven zodat we de noodzakelijke verbeteringen en veranderingen kunnen maken om vanuit ons innerlijk wezen te leven.

Sereniteit duidt op het opgeven van de strijd en het vrijlaten van het ego om op een waarlijk congruente manier met ons hogere zelf te leven. We kunnen bidden om deze geestelijke staat te bereiken, wat betekent dat we weten dat het universum een welwillende en heilige plaats is en dat we hier echt horen. Als we onze eenheid met de Bron aanvaarden kunnen we sereen zijn tijdens crises, veranderingen en verlies. Deze eigenschap ontstaat met een geestelijke houding die erkent dat alles is zoals het moet zijn en dat we op de juiste plaats zijn en het juiste doen. Dit betekent dat we gewoonten die geluk in de weg staan, moeten opgeven. Het betekent ook dat we emotionele pijn moeten loslaten omdat die ons kan doen geloven dat het leven zwaar of een kwelling moet zijn.

Bidden tot de Engel van Sereniteit maakt het mogelijk dit wezen van Gods liefde in ons leven toe te laten. Het stelt ons in staat te leven vanuit een diep en rijk centrum. We bidden om hulp bij het afbreken van de obstakels naar sereniteit die ons leven in wanorde brengen. We kunnen ook aan de engel vragen ons te helpen voelen dat we het verdienen om sereen te leven zodat ons doel gemakkelijk en elegant kan worden bereikt.

Machten: de Engel van
HARMONIE

ALS IK ÉÉN BEN MET DE BRON, LEEF IK IN HARMONIE

De Engel van Harmonie gaat vergezeld van de mooiste vogels, die samenstromen in het heiligdom van zijn vreedzame geest. De zangvogels, symbolen van bloeiende eensgezindheid, tonen het gevoel van harmonie dat goede relaties ons kunnen geven.

ENGELENRIJK Engel uit de Hemel der Schepping
ENGELENFUNCTIE Onze ziel in harmonie laten rusten
GAVEN VOOR DE AARDE Hij kan ons helpen harmonieus te leven, mensen en plaatsen te vinden die harmonieus zijn, ons harmonieus uit te drukken

---

De Engel van Harmonie laat ons delen in zijn goedertierenheid als we ervoor kiezen harmonieus te leven. In harmonie leven houdt een heleboel in. Het heeft een fysiek aspect, dat gevonden kan worden in de omgeving waarin we besluiten te leven. Het is ook een emotionele toestand, die de mate van openheid, eerlijkheid en integriteit weerspiegelt die we in ons leven aanbrengen. We leven in harmonie, voor een deel, als we aanvaarden dat we afhankelijk zijn van de aarde die ons voedt en het leven ondersteunt. We leven in harmonie met onze gevoelens als we die de ruimte geven om echt voor ons te zijn.

In harmonie met onszelf leven betekent dat we onze speciale talenten respecteren. Als we in harmonie leven met de universele waarheid, streven we ernaar het beste van onszelf te geven en openhartig te ontvangen. In harmonie leven is een echte energietoestand, van waar uit we het leven kunnen ervaren in een optimale stroomtoestand. Dit betekent dat we goed, heilzaam voedsel willen om ons lichaam te verrijken en we alle vormen van misbruik van stoffen vermijden. We moeten regelmatig voldoende rust en ontspanning hebben en werk doen dat zowel in creatief als in emotioneel opzicht bevredigend is. Vermaak, rust, goede vrienden, schoonheid en geestelijke stimulering zijn allemaal essentiële ingrediënten van een waarlijk harmonieus leven.

In harmonie leven met onze meest innerlijke aard is leven in overeenstemming met universele waarheden. Deze waarheden zijn in alle godsdiensten te vinden en zijn door de eeuwen heen door alle culturen aanvaard. Zij vormen de basis van een ethische code die de waardigheid van het individu respecteert.

We leven in harmonie als we het verleden loslaten en onze negativiteit uitschakelen. Aan negatieve energie vasthouden is de basis voor disharmonie en heet ziekte. Ten slotte zijn we dankbaar voor al het goeds dat ons geschonken is. Dankbaarheid zal ons altijd het gevoel geven dat we in harmonie leven. We kunnen ons richten tot de Engel van Harmonie om ons de juiste weg naar harmonie te helpen vinden, en we kunnen om hulp vragen bij het eren van wat we ook vragen om ons leven aangenamer en creatiever te maken. Harmonie is een evenwicht tussen het geestelijke, emotionele en fysieke vlak.

Krachten: de Engel van
VRIJHEID

De Engel van Vrijheid is afgebeeld met een prachtige stola, die vrij in de wind wappert, een symbool van de stromende levensenergie. Deze engel bewaakt het recht van de geest tot het uiten van onafhankelijkheid en creativiteit, terwijl hij over de wereld waakt en onze vrijheid beschermt.

ENGELENRIJK Engel uit de Hemel der Schepping

ENGELENFUNCTIE De obstakels voor vrijheid verwijderen

GAVEN VOOR DE AARDE Hij kan ons helpen onze vrijheid te vinden, de plaats ervan in ons leven te waarderen, de vrijheid in al onze relaties te koesteren

---

De Engel van Vrijheid zegent ons en helpt ons de vrijheid van de goddelijke geest in ons te beseffen. Hij biedt onmetelijke geschenken als we vrijheid een integraal deel van ons leven laten zijn. We hoeven alleen maar de ervaring van onze vrijheid te verlangen en deze engel zal ons bijstaan deze altijd te kennen. Hij zal ons helpen beseffen dat vrijheid is wie we zijn.

Vrijheid heeft veel aspecten en deze engel zal ons de talloze manieren laten zien waarop we in zijn geschenk kunnen delen. Het kan duiden op het vrij zijn van de verplichtingen van ons aardse bestaan. Het kan ook duiden op een vergaande ervaring van wie we in het diepst van ons hart zijn, en dat is eerder een besef dan iets wat we doen. Het is niet het vrij zijn van iets maar veeleer de vrijheid onszelf te zijn, wat deze engel in ons bewustzijn brengt.

We kunnen tot de Engel van Vrijheid bidden om ons hart en verstand open te stellen voor de betekenis van vrijheid. We kunnen dan ontdekken dat we gebruik moeten maken van ons vermogen onze noden over te brengen of voor onszelf op te komen om onze sprong naar de vrijheid te vergemakkelijken. Soms wordt het geschenk der vrijheid ons voor de voeten geworpen voor we er bewust klaar voor zijn, en dan nemen we wat tijd om onze ervaring te integreren en om onze oude patronen te laten varen die ons binden aan vooroordelen over hoe het leven behoort te zijn. We zijn altijd vrij om te kiezen hoe we willen leven: gebonden aan oude ideeën of open voor de onbeperkte mogelijkheden om onszelf te uiten. Hoe meer vrijheid we onszelf toestaan, des te aangenamer en onbeperkter is ons bereik voor expressie. We bidden tot de Engel van Vrijheid om de obstakels te verwijderen die onze zelfexpressie, gezondheid en ons genoegen beperken. We vragen om het vermogen vrijheid te koesteren in plaats van haar te misbruiken op een zelfverwoestende manier. We vragen dat mensen overal de mogelijkheid krijgen om te kiezen voor vrijheid.

Deze engel hanteert subtiele methoden om ons aan te moedigen. Hij stuurt ons licht en moed om onze hunkering naar vrijheid te bevredigen. Hij is nooit ver van ons verwijderd als we onze weg naar groei en ontwikkeling vervolgen. Hij helpt ons dit besef uit de diepten van onze ziel te halen.

Krachten: de Engel van
VERTROUWEN

De Engel van Vertrouwen is afgebeeld met een stola in zijn hand, die hij gebruikt als blinddoek. Als we geblinddoekt zijn moeten we vertrouwen op onszelf en op God, wetend dat we beschermd worden door deze engel, wiens armen over de kloof van tijd en wereldlijke zaken heen naar ons reiken om vrijelijk goedheid aan te bieden.

ENGELENRIJK Engel uit de Hemel der Schepping

ENGELENFUNCTIE Ons hart en verstand openen voor vertrouwen in de goedheid van het leven

GAVEN VOOR DE AARDE Hij kan ons helpen onszelf te vertrouwen, ons leren vertrouwen te hebben in het leven zelf en in alles wat het ons kan bieden, ons leren andere mensen te vertrouwen

---

De Engel van Vertrouwen werkt met ons hogere zelf om ons te helpen vertrouwen in het leven aan te kweken en te uiten. Dit vertrouwen kan zich manifesteren als we voor een dilemma staan: tussen enerzijds een negatieve, cynische en destructieve houding en anderzijds positief willen zijn en geloven dat onze grootste voldoening en vreugde vervuld worden.

Deze engel biedt ons de wezenlijke geestesliefde die we nodig hebben om te kunnen vertrouwen en het leven echt te omhelzen. Vertrouwen speelt een sleutelrol in de kwalitatieve ervaringen van ons leven. Kunnen vertrouwen is een essentieel ingrediënt van geluk en kalmte, want anders zal onze energie bezig zijn met achterdocht, twijfel en angst. Vertrouwen geeft ons de moed om door te gaan of risico's te nemen die we zouden omzeilen als we deze component misten die zo belangrijk is voor groei en spiritualiteit.

De Engel van Vertrouwen helpt iedereen zijn ervaringen te waarderen en zijn waarnemingen te vertrouwen. Door te luisteren naar onze innerlijke wijsheid kunnen we het vertrouwen ontwikkelen dat we nodig hebben om vooruit te gaan in het leven. Als we leren vertrouwen in de goedheid van het leven, hebben we een prettiger tijd en waardevollere contacten met anderen.

Hoe vreemd het ook klinkt, vertrouwen wordt in al onze keuzen weerspiegeld, van de relaties die we aangaan, de banen en carrières die we uitkiezen, tot aan het soort kleren dat we dragen. Als we gebrek aan vertrouwen hebben, zullen we altijd een beschermende paraplu meedragen en steeds kiezen voor de veiligste en minst uitdagende manier om iets te doen, bang voor pijn of blunders. Alleen als we risico's durven nemen, als we staan voor wat we voelen en vertrouwen op ons innerlijk gevoel van goed en kwaad, zullen we uiteindelijk een gevoel aankweken dat we het leven meester zijn.

We kunnen bidden tot deze engel om ons te helpen vertrouwen op ons innerlijke gevoel van kennis. We kunnen vragen om vertrouwen in elkaar zodat we ons vrij voelen om onze liefde en zorg voor elkaar te tonen. Deze engel wil dat onze levenservaringen gezond en bevorderend zijn. Niets ondermijnt onze geest meer dan doortraptheid of verraad.

Krachten: de Engel van
GELOOF

De Engel van
GELOOF

IK VERTROUW EROP DAT
GOEDHEID EN VREUGDE
MIJN DEEL ZIJN, NU EN ALTIJD

De Engel van Geloof straalt rust uit, wetend dat geloof duurzaam is. Hij draagt de heilige stola die ons omwikkelt met een diep geloof en die zijn bescherming in tijden van nood symboliseert. Hij herinnert ons eraan wat er van ons verwacht wordt als we ons geloof behouden.

ENGELENRIJK Engel uit de Hemel der Schepping

ENGELENFUNCTIE De mensheid helpen geloof te hebben in God en Zijn engelen

GAVEN VOOR DE AARDE Hij kan ons helpen te geloven als dingen moeilijk zijn, ons geloof in de goedheid van het leven te uiten, het geloof levenslang ons gidslicht te laten zijn

---

Wanneer het leven ons zwaar valt, kunnen we ontdekken dat we erin geloven dat alles goed zal komen. Dit geloof laat ons moeilijke tijden doorstaan. We kunnen zo nu en dan voortstrompelen en de weg kwijtraken, maar het geloof dat alles ons uiteindelijk opperste voldoening zal schenken, kan ons verheffen boven onze twijfels en wanhoop. Geloof is de overtuiging dat alles wat je aan God vraagt al naar je toe komt. Geloof is de aanvaarding van onzekerheid en het vaste vertrouwen dat alles ten slotte goed zal komen.

In deze tijd van onmiddellijke voldoening hebben we geen kans onze dankbaarheid te tonen, behalve als er een grote crisis is. Geloof is iets dat we ons alleen zelf eigen kunnen maken; niemand kan het ons geven of zelfs maar vertellen hoe we het kunnen aankweken. Mensen kunnen ons erover vertellen en hun eigen persoonlijke ervaringen doorgeven, maar in wezen komt het bij ieder van ons vanuit een diepe innerlijke verbintenis met onszelf.

Het leven is echt heel eenvoudig als we geloof hebben. We kunnen ons hart volgen en een toegewijd en zinvol leven leiden in het geloof dat we een plan ten uitvoer brengen. We stijgen uit boven ons beperkte ego om geloof te hebben in de wetenschap dat dit een welwillend en liefhebbend universum is en dat we deel uitmaken van de katalysator die de wereld ten goede verandert. Geloof helpt ons geduldig te wachten op het licht wanneer we alleen maar duisternis voor ons zien. Het is een essentieel onderdeel van het leven om te geloven dat wat onze bestemming ook is, deze de goede voor ons is. Geloof is een steeds dieper wordende wetenschap dat we altijd geleid, liefgehad en beschermd worden. We kunnen bidden tot de Engel van Geloof ons te helpen ons geloof in het levensproces te hernieuwen. Hij zal ons helpen de dingen die we niet kunnen veranderen te accepteren, evenals alles wat ons in ons leven gegeven is om mee te werken en te verbeteren. Uiteindelijk zal hij ons door zware en moeilijke veranderingen voeren en ons helpen onze liefde voor het zelf en voor de mensheid te vernieuwen. De Engel van Geloof is er om ons te helpen de kloof te overbruggen tussen dit materiële, aardse bestaan en het spirituele vlak.

Heerschappijen: de Engel van
VERZOENING

LAAT MIJ ME VOLLEDIG VERZOENEN MET WAT IK ACHTER ME HEB GELATEN

Deze engel wordt hier afgebeeld met een lelie, die hier een symbool van verzoening is, en biedt hoop en troost aan de behoeftigen. De engel geeft ons de rust en wijsheid die we nodig hebben voor verzoening. Hij brengt de nieuwe dageraad van bewustzijn, waarin we ons leven opnieuw beginnen, in het hier en nu en op een magische manier.

ENGELENRIJK Engel uit de Hemel der Schepping

ENGELENFUNCTIE Ons in overeenstemming brengen met het licht

GAVEN VOOR DE AARDE Hij kan ons helpen pijnlijke trauma's los te laten die onze levensvisie verstoren, ons vollediger in de huidige levensstroom brengen, ons helpen ons hart open te stellen voor het goede

---

De Engel van Verzoening geeft ons de kans de oude en zinloze bagage van ons verleden op te ruimen. Door ons te verzoenen met het verleden laten we de droefenis, kwetsuren en spijt varen die onze energie hinderen en verstoppen en een last voor ons zijn. We hebben onze vitaliteit nodig voor het heden. De Engel van Verzoening helpt ons ons verleden te integreren in onze huidige realiteit. Hij helpt ons geestelijke waarheden te zien, zodat we kunnen leren van ons verleden. Op deze manier kan iets pijnlijks bezien worden als een positieve stap op weg naar groei – zelfs de wreedste ervaring.

Deze engel vergemakkelijkt altijd de overgang van het verleden naar het heden, en biedt ons alle kans om dingen te accepteren zoals ze zijn. Of het nu iets was dat we onszelf of anderen hebben aangedaan, of iets dat ons overkwam, deze engel zal ons helpen ons te verzoenen met ons verleden. Het proces van het verleden loslaten helpt ons onze geest te bevrijden. Het maakt de energie vrij die we geïnvesteerd hebben in het projecteren van onze gevoelens op situaties, mensen en gebeurtenissen uit het verleden. Als we beperkt worden door verdriet, een verlies, grieven of bitterheid verwoesten we in wezen de vitaliteit en het plezier van het eeuwig aanwezige heden. Het verleden is een springplank naar heelheid, als je het zo wilt bekijken.

We kunnen bidden tot de Engel van Verzoening om ons te helpen het verleden te accepteren zoals het was en onze negatieve ideeën over hoe het had moeten zijn los te laten. We kunnen vragen of de lessen uit het verleden ons kunnen helpen ons te ontwikkelen tot gezond denkende volwassenen die vooruit kunnen stappen in het genoegen van het heden. Dit zal ons plezier en wijsheid verschaffen.

We vragen aan deze engel om ons te laten zien hoe we ons verleden moeten integreren in een levend heden, vol van genoegen en vervulling. We vragen om raad bij het loslaten van het verleden en bij het aanvaarden dat we altijd opnieuw kunnen beginnen. Verzoening gaat niet over het veranderen van iets wat niet veranderd kan worden. Het gaat veeleer over het transformeren van onze visie op het verleden, en hoe we onszelf nu kunnen versterken door positieve keuzen voor een aangenaam bestaan te maken.

Heerschappijen: de Engel van
BARMHARTIGHEID

De Engel van
BARMHARTIGHEID

GODDELIJKE BARMHARTIGHEID ZEGENT
MIJ MET TEDERHEID EN TOLERANTIE

Deze engel is hier afgebeeld gekleed in kostelijke gewaden die ons omwikkelen met de zegen van barmhartigheid als we zwak zijn. Hij brengt hoop en hulp voor hen die worstelen en hij hernieuwt ons geloof in Gods alomvattende genade. De lelie is een universeel symbool van zuiverheid en waarheid.

ENGELENRIJK Engel uit de Hemel der Schepping
ENGELENFUNCTIE Barmhartigheid in ons leven brengen
GAVEN VOOR DE AARDE Hij kan ons helpen Gods liefde voor de mensheid te begrijpen, ons ervan bewust maken dat we beschermd en geleid worden, na te denken over dankbaarheid voor de zegeningen in ons leven

---

De Engel van Barmhartigheid biedt ons de liefde van God als een levende realiteit. Als we voor een ondraaglijke situatie staan en er is plotseling een verschuiving van energie of een verandering in de omstandigheden, worden we gezegend door de Engel van Barmhartigheid. We worden constant geholpen onze gedachten en houdingen om te keren via de hulp van de goddelijke genade.

We kunnen barmhartigheid ervaren in kleine en subtiele dingen. Het kan een vriendelijk telefoontje zijn op een moment dat we wanhopig zijn of een zacht duwtje in de rug als we onzeker zijn. We kunnen bijvoorbeeld iemand tegenkomen die ons leven verandert, of we kunnen worden aangenomen of afgewezen voor een baan of opleiding. Als we erover nadenken, beginnen we ons te realiseren wat de verbazingwekkende consequenties van dit keerpunt voor ons leven zijn. In de rationele wereld kan dit slechts toeval worden genoemd. Maar ik aanvaard het liever als het geschenk van de Engel van Barmhartigheid, die ervoor zorgt dat ons leven vervuld wordt.

Dit besef van leiding en interventie geeft ons een begrip van niet-doen. Dat wil zeggen dat we onszelf niet op hoeven te jutten en ook niet hardvochtig en bestraffend voor onszelf hoeven te zijn wanneer de zaken niet lopen zoals we willen. Vertrouwen op goddelijke genade als een geschenk van de engelen stelt ons in staat volledig te participeren in ons levensproces.

We kunnen de Engel van Barmhartigheid bidden actief te zijn in ons leven. Zonder onze omstandigheden in de hand te willen hebben, kunnen we aanvaarden dat we voortdurend barmhartigheid ontvangen en dat we ons kunnen overgeven aan de Bron. We kunnen barmhartigheid aanvaarden door teder en vriendelijk voor onszelf en anderen te zijn. Als we barmhartigheid vergeten, zijn we bazig en regelen we alles, trappen we menigeen op de tenen, leven we vanuit ons ego en staan we open voor een ernstige mate van strijd. De weg van tolerantie biedt ons barmhartigheid als een geschenk van onvoorwaardelijke liefde. Barmhartigheid leidt ons door de zware momenten van ons leven en naar nieuwe niveaus van bewustzijn waar we totaler leven in het licht van goddelijke liefde.

Heerschappijen: de Engel van

VERGEVING

De Engel van
VERGEVING

IK BESLUIT IEDEREEN TE VERGEVEN
DIE ME IN HET VERLEDEN GEKWETST
HEEFT

Deze engel houdt de lelie van zuiverheid in zijn hand waarmee hij degenen die vragen om vergeving zegent. Broederschap is een natuurlijke consequentie als we anderen vergeven. Vergeving betekent dat we de tranen van oude kwetsuren en de woede van oude wrok vergeten, om te leven met de liefde van de engelen in het hier en nu.

ENGELENRIJK Engel uit de Hemel der Schepping

ENGELENFUNCTIE Ons helpen te vergeven en het verleden te laten varen

GAVEN VOOR DE AARDE Hij kan ons helpen onszelf te eren en versterken als we anderen vergeven, te leven in het heden als we het verleden vergeven, de ruimte voor intimiteit te maken om te gedijen als we anderen vergeven

---

De Engel van Vergeving moedigt ons aan en roept ons op kwetsuren en wrok uit het verleden in een nieuw licht te bezien. We winnen aan zelfrespect en wijsheid als we het verleden loslaten en degenen die ons pijn deden vergeven. Anders blijven we geloven dat we slachtoffers zijn, zonder de mogelijkheid om ons leven te veranderen.

Vergeving betekent niet dat we slecht gedrag vergoelijken, noch dat we de mensen die ons slecht hebben behandeld per se aardig moeten vinden. Het betekent wel dat we onze woede en wrok loslaten als we anderen vergeven. Als we vergeven, blijven we achter met een verlichte geest en een tevreden gevoel over onszelf. Zonder dat kunnen we nooit echt sterker worden. We zouden nog steeds volhouden dat anderen ons kwaad hebben gedaan en die rancune zouden we altijd bij ons dragen. Het vreet aan ons binnenste; het is de materie waar ziekte van gemaakt is. We misbruiken onszelf en we doen onszelf onrecht aan als we negatieve gevoelens mee blijven zeulen.

Vergeving bevrijdt ons en helpt ons een betere weg in te slaan voor onze omgang met anderen. We kunnen hulp nodig hebben om te vergeven en de Engel van Vergeving biedt ons de genade de zachtheid in ons hart te vinden en de moed om hulp te vragen als vergeving een te zware opdracht lijkt.

Vergeving helpt ons ontvankelijk te zijn voor genezing en liefde. Als we vergeven, vergroten we ons zelfrespect want in feite zit echte macht binnen in ons. We zeggen eigenlijk dat we niet langer het slachtoffer willen zijn van misbruik, verraad of welke vorm van negativiteit dan ook die ons geluk belemmert. Door vergeving worden we, net als door erkenning, gelukkige en gezonde mensen.

We kunnen de Engel van Vergeving vragen ons de weg te tonen naar het loslaten van afkeuring en pijn. Alleen onze bereidheid om onszelf te bevrijden van de last van negativiteit, zal het genezingsproces op gang brengen, en niets anders. Dit loslaten geeft ons de kans andere aspecten van ons leven op te ruimen waar rancune en droefheid verborgen kunnen zitten die ons plezier blokkeren. Door de Engel van Vergeving te vragen ons te helpen bij het loslaten van onze negativiteit, geven we het genezingsproces een kans.

De Hemel van het Paradijs

We komen bij het hemelniveau dat het dichtst bij de goddelijke aanwezigheid ligt. Hier geven we ons ego over aan de onvoorwaardelijke liefde van God en Zijn engelen. Onze zielen zijn hier één, afgestemd op goddelijke wijsheid en liefde. In dit rijk leven we vanuit de realiteit van ons hart, hier is geen onderscheid tussen onze wil en Gods wil. Op dit niveau staan we boven strijd, scheiding en twijfel.

De Hemel van het Paradijs is het rijk van gelukzaligheid en zuiver genoegen. Hier wordt moeiteloos gecreëerd en zijn onze menselijke ervaringen harmonieus en compleet. Hier is geen beroering of behoefte aan overleving, want de geest is getranscendeerd boven aardse strijd.

In de Hemel der Formatie boden de engelen ons de hulp die we nodig hadden om ons leven te leiden op het fysieke vlak. Op dat eerste niveau wendden we rampspoed af, overwonnen we gevaren en gaven we negativiteit op. De Aartsengelen toonden ons de weg naar genezing en het evolutionaire pad naar heelheid van zijn. Onze Beschermengelen leidden ons door de cycli van volwassenheid en groei.

Daarna richtten we onze energie op onze relaties, waarbij we onze geest sterker lieten worden door onze gedachten en houdingen te zuiveren en onze geblokkeerde en negatieve gevoelens vrij te laten. Nu komen we aan bij die plaats in de hemelse sferen waar liefde en wijsheid heersen, en worden we zachtjes en teder naar de verbinding met de Bron geleid die in ons leeft. Hoe dichter we bij de Bron komen, hoe meer we ontdekken dat deze niet los van ons staat – we zijn er eigenlijk één mee.

We beginnen de complete eenheid van de Bron te ervaren in alle dingen. We zijn niet slechts getuige van de schepping maar veeleer een intrinsiek deel van de glorie die de uiting is van dat geheel en die eenheid.

In deze hemel worden onze dromen bewaarheid, want dit is het rijk der wonderen. Creativiteit brengt hier constant de macht en glorie van het goddelijke tot uiting. De engelen van deze hemel bieden ons de grootste geschenken van liefde en wijsheid. Als we ons hart openstellen, worden we overspoeld met de vreugde van Gods liefde voor ons en stellen we onszelf af om samen met de Bron scheppers te zijn. Op dit niveau werken we samen met de engelen.

De drie typen engelen in de Hemel van het Paradijs zijn de Serafijnen, Cherubijnen en Ofanijnen – de laatsten zijn beter bekend als de Tronen, omdat zij het dichtst bij de Troon van de Goddelijke zitten.

De Serafijnen

De engelen die de makers en gouverneurs zijn,
de vormgevers en toezichthouders,
de bewaarders en behoeders van de overvloedige aarde
en van alle scheppingen van de hemelse Vader.
Wij roepen de goede, de sterke, de welwillende
engelen van de hemelse Vader en de aardse Moeder aan!
Die van het Licht!
Die van de Lucht!
Die van het Water!
Die van de Planten!
Die van de kinderen van het Licht!
Die van de oneindige, heilige schepping!
Wij vereren de engelen
die als eersten luisterden naar de gedachten en leringen
van de hemelse Vader,
van Wie de engelen het zaad der volken vormden.

HET EVANGELIE VAN DE ESSENEN

De Serafijnen worden geassocieerd met het wezen van de schepping. Zij zijn, in hun licht, de scheppers van wonderen. Zij geleiden Gods energie om de elementaire substantie te creëren waarvan het leven gevormd is, en die alomtegenwoordig is in het universum. Zij staan bekend als de Engelen van het Wonder der Liefde. Zij geven ieder van ons eeuwig onvoorwaardelijke liefde. Onze spirituele evolutie tot het hoogste niveau wordt door hen aangemoedigd en ondersteund, tot we één zijn met de creatieve geest van de Bron.
In dit boek worden ze respectievelijk de Engel van het Wonder der Liefde, de Engel van het Wezen der Liefde en de Engel van Eeuwige Liefde genoemd. Zij vertegenwoordigen de geest van verhevenheid die wij kennen als onvoorwaardelijke en eeuwig blijvende liefde. In elke scheppingsdaad zijn wij er getuige van. Zij overspoelt de aarde met haar kracht. We komen er via de Serafijnen mee in aanraking en we erkennen zo de pracht van deze liefde.
Aan ieder van ons die deze zalige staat van één-zijn met de Bron nastreeft, bieden de Serafijnen manieren om onze vibraties te verfijnen en af te stemmen op de hoogste niveaus van bewustzijn. Zij kunnen ons bijvoorbeeld het wonder brengen van unieke leraren of meesters, die zowel niet-fysieke als fysieke wezens kunnen zijn. Deze leraren zijn zelf wezens die in contact zijn

gekomen met het Licht, door middel van diverse zuiveringsmiddelen het afval van hun negativiteit hebben opgeruimd en zich hebben overgegeven aan de eenheid van leven.

De Serafijnen herinneren ons voortdurend aan het wonder der liefde, en aan hoe we door deze wonderlijke energie hernieuwd en heel gemaakt worden. Zij helpen ons de pijn te genezen van elke scheiding en elk verlies, en te beseffen dat liefde eeuwig en absoluut ondeelbaar is.

De Cherubijnen

De Cherubijnen bewaken de ingang naar het Paradijs. Zij zijn de dragers van de ultieme wijsheid binnen het universum. Zij helpen hen die geassocieerd zijn met wijsheid en zij bieden kracht aan allen die afgestemd zijn op de wereld van God. Zij vullen het universum met Gods wijsheid. Als we afgestemd zijn op de vibratie van hun liefde, ervaren we de diepte van kennis in onszelf. Dit is een directe en duidelijke afspiegeling van de wijsheid die zij naar ons loodsen, in de hoop dat we God zullen kennen en ons de omvang van de onvoorwaardelijke liefde die in ons aanwezig is zullen realiseren.

De Cherubijnen bieden ons hun glasheldere besef over de eenheid van het hele leven. In het orakel heten zij de Engel van Wijsheid, de Engel van Inzicht en de Engel van Kennis. Zij zijn Gods boodschappers, die de volheid van liefde en kennis delen. Zij geven ons de kans om de mysteriën van het leven te kennen door kennis in wijsheid om te zetten. Zij zijn niet de mollige kleine kinderen die zo vaak afgebeeld worden in de kunst, maar zij zijn veeleer de zuiverheid van geest die belichaamd wordt door jonge kinderen die weten dat zij veilig zijn en hartstochtelijk liefgehad worden.

De Tronen

De Tronen zijn de engelen die het dichtst bij de goddelijke Bron zelf staan. Zij bestaan buiten de vorm en toch is hun engelenfunctie het omzetten van gedachten in materie. Zij bestaan op het niveau van zuiver denken en zij zijn de overdragers van de vibratie van Gods liefde in materiële vorm.

Zij gedragen zich als de ogen van God en nemen de vorm aan van wervelende stromen van gekleurd licht. In het orakel heten zij de Engel van Zijn, de Engel van Kracht en de Engel van Glorie. Zij dragen de kracht en glorie van de Bron uit door het hele universum en geven een onophoudelijke lichtstraal om ons in staat te stellen deze liefde in ons leven te manifesteren. Als we ons verstand loslaten en het moment open ervaren, leven we in de glorie en schittering van de schepping zoals het bedoeld was. Dit is het moment waarop de Tronen ons overbrengen naar de rijken van zaligheid.

Zij bestaan in het altijd aanwezige moment, en naargelang wij onze oppervlakkige identificatie – wie we denken te zijn – achter ons laten en gaan leven als medescheppers van het universum samen met de Bron, ontdekken we dat we vollediger bestaan in het heden. Zo worden we de rijken van creativiteit, liefde en wijsheid in getrokken, die zo moeilijk te doorgronden zijn dat we misschien geen zinvolle beschrijvingen van onze ervaringen kunnen geven. Dit is de Hemel van het Paradijs, waarover de dichters en mystici door de eeuwen heen gesproken hebben. Het enige dat deze van ons vraagt is dat we onze ego's laten varen en open en vol vertrouwen in het altijd aanwezige moment leven, zonder de misvattingen die onze geest ontkrachten en belemmeren. Met de hulp van de engelen kunnen we leven zoals het bedoeld was, vreugdevol, in zaligheid en met de wetenschap dat we waarlijk liefgehad en gezegend worden.

Het rijk van de Tronen is het hoogste niveau waartoe de engelen kunnen stijgen. Zij brengen de Bron 'oneindige lof en dank' en weten dat deze liefde en genade eeuwig zullen bestaan.

Serafijnen: de Engel van het
WONDER DER LIEFDE

De Engel van het
WONDER DER LIEFDE

IK WORD TOT LEVEN GEBRACHT DOOR HET WONDER DER LIEFDE

Aan beide kanten van de engel zijn vogels te zien, hier een symbool van het wonder der liefde. De gevleugelde wielen van vuur zijn symbolisch voor de Serafijnen zelf. Het oog bovenaan vertegenwoordigt het symbool voor de Hemel van het Paradijs. Het hart onderaan en de open handen staan voor het verlangen naar ware liefde dat iedereen heeft.

ENGELENRIJK Engel uit de Hemel van het Paradijs

ENGELENFUNCTIE Wonderen in ons leven brengen

GAVEN VOOR DE AARDE Hij kan je helpen jezelf open te stellen voor de liefde waarnaar je verlangt, de liefde die je hebt te koesteren, het wonder der liefde van de Bron te erkennen

---

De Engel van het Wonder der Liefde geeft iedereen de mogelijkheid Gods liefde op een zeer betekenisvolle en intieme manier te kennen. Voor de een kan dat door middel van het ouderschap zijn, voor de ander in een spirituele of therapeutische gemeenschap van broeders en zusters, voor weer anderen kan het door middel van een diepe persoonlijke relatie.

Aan ons is de keus om ons hart open te stellen zodat we ontvankelijk zijn voor die liefde. Als we kiezen voor liefde in ons leven, omhelzen de engelen ons en vervullen zij ons hart met de genade van goddelijke liefde. Dit wonder der liefde komt het beste tot uitdrukking in menselijke interacties; want liefde die heilig is, geeft haar mooiste reflectie in onze onderlinge relaties.

We kunnen bidden tot de Engel van het Wonder der Liefde ons te zegenen met het kostbaarste geschenk in ons leven. We kunnen ontvankelijk zijn en vrij van negativiteit, zodat ons vermogen om deze liefde te koesteren en te bewaren en te laten groeien voortdurend groter wordt. Liefde is zo kostbaar; het is onze grootste schat. In welke vorm zij ook komt, wij kunnen haar koesteren waarbij we oppassen haar niet vanzelfsprekend te vinden of te misbruiken. Hoe zuiverder we van binnen zijn, hoe minder we dit geschenk zullen bezoedelen of zullen blootstellen aan verkeerde energie. Liefde is zo bijzonder dat er niets anders rest dan de Bron voor de ervaring ervan te eren en te danken. Als we zuiver blijven, aan onszelf werken, de verantwoordelijkheid nemen voor onze projecties en een positieve houding bewaren, zullen we steeds beter in staat zijn Gods liefde te ontvangen.

De Heilige Geest biedt vrijelijk wonderen. Iedereen kan ze ontvangen. Het enige dat van ons gevraagd wordt, is gereed te zijn om ze te ontvangen. Ons wordt gevraagd ons hart te zuiveren en onze geest te openen om het geschenk van het wonder der liefde te ontvangen. We kunnen bidden tot de Engel van het Wonder der Liefde onze gids te zijn wanneer we de aard van ons ware verlangen ontdekt hebben. De liefde in jezelf te kennen is ook de liefde die je omringt kennen. Gods liefde kent geen beperkingen of grenzen. Zij doordringt alle levende materie en kan in alles ervaren worden.

Serafijnen: de Engel van het
WEZEN DER LIEFDE

De Engel van het
WEZEN DER LIEFDE

LAAT LIEFDE HET MIDDELPUNT VAN MIJN LEVEN ZIJN

Het oog, symbool voor de Hemel van het Paradijs, zendt schitterende stralen uit door het universum. De leeuw symboliseert het vuur en de passie die liefde in ons kan opwekken. Deze passie is zichtbaar in de hele schepping, hier gesymboliseerd door de maan en de sterren. De vurige, gevleugelde wielen zijn het symbool van de Serafijnen.

ENGELENRIJK Engel uit de Hemel van het Paradijs

ENGELENFUNCTIE Beschermen van de essentie van liefde

GAVEN VOOR DE AARDE Hij kan je helpen beseffen dat je in de kern liefde bent, in alles liefde te ervaren, de essentie van je wezen met anderen te delen

---

De Engel van het Wezen der Liefde helpt ons het masker van illusie te verwijderen en te zien dat liefde de essentie van het hele leven is. Deze engel helpt ons ons te ontpoppen uit de beperkte cocon van ons ego tot de prachtige wezens van licht die we zijn. Als we de illusies van persoonlijkheid en de verwoestende aard van negativiteit doorzien hebben, beseffen we dat we in de kern een bron van liefde zijn.

Deze liefde huist in het midden van elke levende cel in ons lichaam, en in de kern van alle levende dingen. Het bewustzijn waarvan we gemaakt zijn, doordringt ook alle andere levende materie. Onze eigen zachtaardige essentie is dezelfde als de universele essentie van liefde die ons verenigt en intiem verbindt met de Bron.

We kunnen bidden tot de Engel van het Wezen der Liefde om ons te helpen de essentie te herkennen die ten grondslag ligt aan ons wezen. Als we ervoor kiezen ons te identificeren met deze essentie gebeurt dat vanuit ons hogere zelf, dat een aspect is van het goddelijke, en niet van dat andere zelf van het kleine, individuele ego. We vragen om hulp om ons los te maken van de illusies van ons zijn en om de onsterfelijke realiteit te vinden dat we één zijn met de Bron en met het hele leven. We bidden om ons te kunnen verbinden met die eenheid en ons de eeuwige en onvoorwaardelijke aard van die liefde te herinneren.

Als we ons hart openstellen voor de liefde in ons ontdekken we dat de essentie van liefde de primaire en fundamentele substantie van het leven is. Zonder haar zou niets kunnen groeien of bloeien, en zou het leven ophouden te bestaan. De Engel van het Wezen der Liefde bewaakt deze substantie in ieder van ons zorgvuldig. Als we ervoor kiezen vanuit deze ruimte te leven, krijgen we onmetelijke schatten in de vorm van ervaringen die ons doen beseffen dat we werkelijk liefde zijn.

— ★ —

Serafijnen: de Engel van
EEUWIGE LIEFDE

Het alziend oog bevestigt dat dit een engel van de Hemel van het Paradijs is. De dolfijn staat voor het bewustzijn en genoegen van eeuwige liefde, net als de golven eronder. De vurige wielen zijn het symbool van de Serafijnen. De slang die in zijn staart bijt is de ouroborus, symbool van heelheid en eeuwigheid.

ENGELENRIJK Engel uit de Hemel van het Paradijs

ENGELENFUNCTIE Gods eeuwige en onvoorwaardelijke liefde overbrengen

GAVEN VOOR DE AARDE Hij kan je helpen onthouden dat liefde voor altijd is, de angst te laten varen dat liefde beperkt is, je open te stellen voor de geest die de Bron van deze liefde is

---

De Engel van Eeuwige Liefde is een bron van troost en verlichting voor een ieder die treurt over verloren liefde. In werkelijkheid kan liefde niet verloren worden. Zij is onuitwisbaar en blijft eeuwig een deel van ons. Het is alsof liefde geënt wordt in onze ziel, en met elke liefdeservaring groeit onze ziel en ontwikkelt zij zich. Zij vergroot ons zelfbeeld, zij helpt ons te beseffen dat het universum een veilige en prettige plaats is, bedoeld om ons geluk en genoegen te geven. Alle liefde kan herbeleefd worden in het bewuste geheugen met gebruik van meditatie of diverse helende technieken. Liefde sterft niet met het fysieke lichaam. Zij is eeuwig. Zij kan opgeroepen worden als we er behoefte aan hebben.

De Engel van Eeuwige Liefde geeft ieder van ons die liefheeft het genoegen te weten dat de geest de herinnering aan liefde vasthoudt. Als we iemand die ons na staat verloren hebben, neemt die liefde niet af; ze blijft feitelijk bij ons, wordt een deel van ons en bevordert onze geestelijke ontwikkeling. Deze engel helpt ons dat gegeven te beseffen en de liefde in ons hart levend te houden. Op bepaalde momenten in ons leven zullen we zijn liefde en hulp nodig hebben, want verlies in deze fysieke wereld is onvermijdelijk. Deze engel geeft ons troost en het besef dat liefde nooit sterft. Liefde kan mensen verbinden door de tijd heen en kan zelfs mensen herenigen die in het verleden van elkaar hielden en die in dit leven bij elkaar komen om die liefde te voltooien. Sommige liefde kan eeuwen van scheiding overleven. Als mensen minnaars van elkaar zijn, zullen ze elkaar weer vinden, hetzij op dit fysieke vlak, hetzij op een ander, meer hemels niveau.

We kunnen bidden tot de Engel van Eeuwige Liefde de sluier van onbewustzijn te verwijderen die tussen ons en ons besef van eeuwige liefde staat. Als we eenzaam of verloren zijn, kunnen we bidden tot deze engel om troost te vinden in de herinnering aan liefde die op een bepaald moment essentieel voor ons was. We kunnen er bewust voor kiezen ons de liefde van vrienden, familie, leraren te herinneren, eigenlijk van iedereen met wie we liefde gedeeld hebben. Die herinnering blijft bij ons en maakt deel uit van wie we zijn. Die liefde is onuitwisbaar.

Cherubijnen: de Engel van
WIJSHEID

De Engel van
WIJSHEID

WIJSHEID ONTSPRUIT UIT DE DIEPTEN VAN MIJN ERVARING

Deze engel is afgebeeld als bewaker van de ingang van het Paradijs, met het symbolische oog dat zijn alwetende stralen uitzendt. De engel houdt iedereen tegen die zijn eigen goddelijke aard niet kent. De kaars duidt op de vlam der wijsheid, zonder welke we de genoegens van het Paradijs niet kunnen ervaren.

ENGELENRIJK Engel uit de Hemel van het Paradijs
ENGELENFUNCTIE Wijsheid brengen in het leven van iedereen
GAVEN VOOR DE AARDE Hij kan je helpen ontvankelijk te worden voor de wijsheid van God, wijsheid te vinden in je leven, te speuren naar wijsheid in al je ervaringen

---

Deze engel is de drager van Gods wijsheid, die door het universum gevoerd wordt naar al diegenen die het Woord van God willen kennen. Deze engel helpt ons de wijsheid te vinden door ons open te stellen voor de diepte van onze ervaring en te weten wat waar voor ons is.

Als we onszelf de kans geven onze persoonlijke ervaringen te overdenken, bijeen te voegen en te distilleren, vinden we wijsheid. Daarmee kunnen we vooruit komen op onze weg, ons begrip verrijken en onze spiritualiteit verdiepen.

We beginnen nu pas de wijsheid van oude leringen in te zien en deze opnieuw te gebruiken voor onze gezondheid en levensstijl. Wijsheid is een intern besef dat geprojecteerd wordt op de wereld om ons heen zodat we in vrede en harmonie kunnen leven.

De Engel van Wijsheid brengt ons het geschenk der wijsheid. In de bijbel zegt hij dat wijsheid waardevoller is dan goud. Voor onze groei en spirituele ontwikkeling hebben we wijsheid zeker nodig. Zonder wijsheid zijn we overgeleverd aan de gevolgen van de materiële wereld en kunnen we gemakkelijk onze integriteit en persoonlijke identiteit verliezen.

Wijsheid is iets dat door alle culturen geëerd en erkend is. Oude beschavingen respecteerden en vereerden diegenen die dankzij hun ervaring de innerlijke betekenis van het leven waren gaan begrijpen en die zin konden geven aan verlies, trauma en scheiding. In onze moderne wereld beginnen we deze eigenschap van wijsheid langzaam aan weer te toetsen en, hopelijk, te respecteren. We kunnen de hulp van de Engel van Wijsheid vragen om ons te leiden naar de wijsheid in onszelf. Van hieruit kunnen we gezonde en wijze keuzen maken voor ons welzijn en geluk.

We kunnen bidden tot de Engel van Wijsheid om ons te laten zien hoe we onze levenservaringen moeten begrijpen en hoe we de betekenis voor onszelf moeten vinden. We kunnen om wijsheid vragen voor onze heling en voor de heling van onze planeet. Het is zeker door het geschenk van de wijsheid dat we ons levensgeluk kunnen vinden. De Engel van Wijsheid is er om ons allemaal de wijze en helende weg te helpen vinden.

Cherubijnen: de Engel van
INZICHT

De Engel van
INZICHT

IK KEN DE JUISTE WEG
DANKZIJ DE ZEGEN VAN HET GODDELIJKE

De Engel van Inzicht is de wolken der verwarring ontstegen en houdt een bol in zijn hand die uiting geeft aan duidelijke bedoelingen. Het geschenk van de engel is het licht van inzicht en als we ons richten op dit licht, kunnen we zien wat het beste voor ons is. Het oog is het symbool van de Hemel van het Paradijs.

ENGELENRIJK Engel uit de Hemel van het Paradijs

ENGELENFUNCTIE Inzicht geven aan hen die op de weg van Licht lopen

GAVEN VOOR DE AARDE Hij kan je helpen erachter te komen wat de juiste weg voor jou is, te kiezen wat echt goed voor je is, te weten wat jou bijzondere voldoening en vreugde verschaft

---

De Engel van Inzicht leert ons onze innerlijke stem te eren en te luisteren naar ons hart. Als we voor moeilijke keuzen staan, zoals lastige beslissingen die onze geestelijke ontwikkeling beïnvloeden, helpt deze engel ons bij het kiezen van de juiste weg. Hij leidt ons altijd naar datgene wat onze groei ten goede komt en onze kracht en talenten zal helpen ontwikkelen. Inzicht elimineert wat negatief is, ineffectief en misschien in potentie gevaarlijk is voor ons. Inzicht ontwikkelen is het verfijnen van onze gave om te voelen wat de gezondste en meest vreugdevolle weg voor ons is.

Inzicht is het vermogen te weten wat uiteindelijk tot de opperste voldoening leidt. Het is niet per se de gemakkelijke of de gebruikelijke weg. Maar het is de weg die het meest geschikt is voor ons bestwil. We kunnen weten wat goed voor ons is als we luisteren naar ons hart en nadenken over onze keuzes. De Engel van Inzicht is er om ons te helpen om de verstandigste keuzen te maken.

Inzicht is het vermogen om met je verstand en met je hart te weten dat iets of iemand goed voor je is. Veel mensen proberen met veel moeite een situatie of persoon geschikt te maken in plaats van zich af te vragen of die persoon of situatie het geschiktst voor henzelf is. Als we kritisch zijn, waarderen we onszelf op elk niveau en maken we keuzen die dat niveau van zelfwaardering reflecteren. De Engel van Inzicht helpt ons de dingen duidelijk te zien en onze visie verder te laten reiken dan onze angsten en twijfels over onszelf. Hij helpt ons erachter te komen wat we misschien vrezen te zien en geeft ons de kans om intelligente en oprechte keuzen te maken.

We kunnen bidden tot de Engel van Inzicht om hulp bij het luisteren naar onze innerlijke stem. Dit zal ons helpen de engelen die ons toefluisteren te horen, en te weten wat de juiste keuzen zijn. Als we inzicht hebben ontwikkeld, zullen de engelen ons helpen ons volledig open te stellen voor de schatten van onze innerlijke kennis. Zij riskeren nooit dat die diepe innerlijke kennis blootgesteld wordt aan afwijzing. Inzicht beschermt onze diepste innerlijke gevoeligheden. De engelen willen dat we alleen de beste beslissingen voor onszelf nemen.

Cherubijnen: de Engel van
KENNIS

De Engel van
KENNIS

MIJN GEVOEL VAN INNERLIJKE KENNIS
LEIDT MIJ NAAR HET LICHT

Deze engel is afgebeeld met de symbolen van bewustzijn en vreugde. Uit de hemel dwarrelt een sterrenregen neer, de energie van liefde. Het is de bron van inspiratie, waarmee onze verlangens en wensen bewaarheid kunnen worden. De engel draagt de ring der kennis, waar al ons bewustzijn vandaan komt.

ENGELENRIJK Engel uit de Hemel van het Paradijs
ENGELENFUNCTIE De mensheid de gave van zijn diepste kennis geven
GAVEN VOOR DE AARDE Hij kan je helpen je waarheid te kennen, en je bewustzijn te verankeren in je diepste kennis; je eraan herinneren dat je altijd weet wat goed voor je is

---

De Engel van Kennis helpt ons bij het vinden van en luisteren naar dat deel van ons dat altijd weet. Dit is de plek waar we volledig vermogend en heel zijn. Dit is niet de functie van het rationele verstand dat beperkingen begrijpt. Het is veeleer iets in ons diepste bewustzijn dat afgestemd is op de vibraties van de kosmos en zich grondig bewust is van alle dingen. Als we luisteren naar onze diepe kennis omzeilen we ons verstandelijke kader van wat de realiteit geacht wordt te zijn. We schakelen onze emoties uit en doen afstand van onze negatieve houding tegenover het leven. Deze diepe kennis ontspruit aan de absolute zekerheid over wie we zijn, en zij kan zich manifesteren in stemmen of beelden of zelfs uitstijgen boven beelden door ons een directe ervaring van het zelf te geven. Zij is niet afhankelijk van externe situaties of de fantasieën van het verstand. Zij vormt de allersterkste boodschap, die direct afkomstig is van onze ziel.

Ons gevoel van kennis kan ons helpen te beseffen wat het doel is van onze aanwezigheid hier op de planeet in deze tijd van conflict en strijd. Deze kennis helpt ons te aanvaarden wat we moeten doen om ons vermogen te ontplooien en om de juiste keuzen voor ons leven te maken. Zij omvat een bewustzijn dat het universum een goedaardige plaats is die ons ondersteunt om zo compleet mogelijk onszelf te zijn. Deze diepe kennis is onze directe verbinding met de Bron. We kunnen bidden tot de Engel van Kennis om ons te leiden en te helpen bij de vergroting van ons vermogen om vanbinnen te luisteren. Deze engel helpt ons de toestand van onze stemmingen en emoties te herkennen, en als we opnieuw een oud bandje afdraaien over hoe het leven voor ons moet zijn, zal hij ons aanmoedigen het versleten scenario te laten varen en het positieve en vreugdevolle te vinden.

De Engel van Kennis staat voor volledige helderheid. Een deel van deze kennis is dat wij de liefde zelf zijn.

Onze gebeden tot de Engel van Kennis kunnen onze vrees verzachten en ons helpen ons open te stellen voor ons binnenste, dat liefde en Licht is. Met kennis kunnen we zekerheid ervaren en weten dat we in de ogen van God volmaakt zijn.

Tronen: de Engel van
ZIJN

De Engel van Zijn is afgebeeld als het universele symbool van het zelf, de mandala. De twee kelken bevatten de geestelijke én de aardse energie van het mensdom. De man en vrouw onderaan vertegenwoordigen heelheid en individuatie. Het oog bovenaan is het symbool van de Hemel van het Paradijs.

ENGELENRIJK Engel uit de Hemel van het Paradijs
ENGELENFUNCTIE Fungeren als de ogen van God
GAVEN VOOR DE AARDE Hij kan je helpen de diepte van je wezen aan te raken, te zijn als een medeschepper van het universum, je persoonlijke gevoel van welzijn te vergroten

---

De Engel van Zijn zegent ons omdat we spiegels zijn van Gods liefde. Hij helpt de realiteit te veranderen in een visie voor onszelf waarin we ons geliefd en gesteund voelen. Hij verlicht ons bewustzijn dat we een wezenlijk deel van de schepping zijn.

Omdat we bestaan als een deel van de schepping, niet afgescheiden ervan, hebben we recht op liefde, respect en voorspoed. De Engel van Zijn moedigt ons aan onszelf te kennen en in te zien dat we, in de kern, een aspect zijn van de Bron. Deze engel helpt ons een eenvoudig en bevredigend leven voor onszelf te scheppen. Als we kiezen voor vreugde, liefde en gezondheid worden we langzaam maar zeker medescheppers van het universum. De Engel van Zijn bevestigt onze visie en zegent deze. Hij helpt ons ons leven te scheppen met gebruik van al onze vaardigheid om het goede en vreugdevolle naar ons toe te trekken.

Al vinden we ons leven misschien niet bijzonder creatief, toch trekt elke positieve en negatieve gedachte onze ervaring naar ons toe.

De Engel van Zijn leert ons over zelfacceptatie en eigenliefde. Hij helpt ons onze eigen goedheid te kennen en de zachtheid van onze innerlijke aard. Als we met hem samenwerken zullen we onszelf accepteren zoals we zijn. Het betekent dat we ons hart openstellen voor het beeld over wat we werkelijk willen zijn, een engel in een fysiek lichaam.

We kunnen bidden tot de Engel van Zijn om ons te helpen de moed te verzamelen om met plezier onszelf te zijn. We vragen hem om hulp bij het ontwarren van de pracht van ons essentiële wezen uit de oppervlakkige praal van de materiële wereld. We moeten beseffen dat we niet de auto zijn waarin we rijden, niet het huis waarin we wonen of de kleren die we dragen, noch de partner met wie we slapen. Onze waarde hangt van geen van deze dingen af. We zijn waardevol domweg omdat we bestaan. Wij zijn een unieke uiting van zijn, en we bestaan voorbij de ego-identificaties van geld, werk, sekse, ras of leeftijd. Waarlijk zijn is een één-zijn met de liefhebbende en creatieve geest binnen in ons. Moge de Engel van Zijn ons helpen ons te verenigen met ons ware zelf.

Tronen: de Engel van
KRACHT

De Engel van Kracht is afgebeeld als een wervelende energiemassa tussen het mythische paard Pegasus en een kolossale walvis. De een symboliseert de transformatie van aardgebonden materie in geest; de ander de immensheid van natuurlijke schepping. De eikels laten zien dat zelfs de kleinste kern de kracht heeft om te groeien en te scheppen.

ENGELENRIJK Engel uit de Hemel van het Paradijs

ENGELENFUNCTIE Gods liefde transformeren in materiële vorm

GAVEN VOOR DE AARDE Hij kan je helpen de kracht van de Bron te accepteren, je eigen kracht om te transformeren te erkennen, de collectieve kracht van de mensheid om te veranderen te aanvaarden

---

De Engel van Kracht brengt ons dichter bij een besef dat de kracht van God in ieder van ons huist. Het is onze individuele taak deze waarheid in onszelf te beseffen en de macht ervan te erkennen. De Engel van Kracht is er om dat besef te vergemakkelijken en ons dichter bij één-zijn met de Bron te brengen. De kracht van Gods liefde kan verwezenlijkt worden als een spiritueel concept of ervaren worden als een levende realiteit. Hoe meer we van dit besef een levende ervaring maken, hoe meer we de kloof overbruggen tussen onszelf en onze medemensen. Het wordt aan ieder individu overgelaten om kennis van en vertrouwen in de kracht in hemzelf te bereiken. De Engel van Kracht biedt ons de hulp om dit besef mogelijk te maken.

Wij kunnen bidden tot de Engel van Kracht om onze geest te zuiveren van alle negativiteit, die ons belemmert te ontdekken dat God in ons leeft en geen belichaamde projectie is die buiten onszelf staat.

De Engel van Kracht biedt verschillende wegen waarlangs wij de kracht in ons beter kunnen leren kennen. Voor sommigen kan dit met behulp van meditatie plaatsvinden, voor anderen door een spirituele oefening, een bepaald soort werk of bezigheid; weer anderen vinden het in de vorm van vriendschap of broederschap. Als we afgaan op wat ons aantrekt en doen wat ons vreugde geeft, openbaren de wonderen zich en worden we naar hoogtepunten van bewustzijn gevoerd over wat het leven kan inhouden.

We kunnen dankgebeden opzeggen voor deze kracht. Hierdoor kunnen we delen in de goedheid en schoonheid van de schepping, in het besef dat we één zijn met deze kracht en niet ervan gescheiden. De kracht van ons wezen neemt toe met elke stap die we zetten in de richting van liefde voor onszelf, verering van wie we zijn en respect voor de Bron van leven in ons. Elke keer dat we onze schoonheid en gratie vereren en ons vermogen tot vriendelijkheid, zetten we onszelf in het licht. Als we ons openstellen voor onze gevoelens en onszelf de waarheid vertellen over hoe het leven voor ons is op een willekeurig moment, vergroten we onze kracht en ons wezen. De Engel van Kracht daagt ons elk moment uit onze kracht te erkennen en volgens onze waarheid te leven.

Tronen: de Engel van
GLORIE

De Engel van
GLORIE

IK BEZING DE LOF EN GLORIE VAN DE BRON VAN AL HET LEVEN

Deze engel is afgebeeld als een glorieuze uitbarsting van hemels licht. Hij wordt vergezeld door een paar van de eenvoudige dingen van het leven die bejubeld moeten worden: de opkomende zon, een regenboog, dansende kinderen. Dit zijn de basale vreugden van het leven, die ons aan de glorie van de schepping herinneren.

ENGELENRIJK Engel uit de Hemel van het Paradijs
ENGELENFUNCTIE De glorie van het goddelijke loven
GAVEN VOOR DE AARDE Hij kan ons helpen de eenvoudige vreugden van het leven te roemen, alle goedheid om ons heen te erkennen, te danken voor alles wat we zijn

---

De Engel van Glorie helpt ons de eindeloze kansen op goedheid en vreugde die in ons leven bestaan te loven. Hij leert ons dankbaar te zijn voor de goedheid en eenvoud van het leven. Hij helpt ons feitelijk de spanning en worsteling uit ons leven te halen door in te zien hoe eenvoudig dingen kunnen zijn. Deze engel vertelt ons dat het leven één lange viering kan zijn als we daarvoor kiezen. Hij bezingt de lof van de glorie van Gods wonderbaarlijke schepping. Telkens als we ons hart willen openstellen kunnen we afstemmen op deze incantatie van schoonheid en vreugde. De pracht van het leven ontvouwt zich eenvoudig voor ons. Het leven wordt een zelfreflecterende spiegel van liefde als we het zien door ogen van dankbaarheid. Het betekent ook dat we ons wortelen in de realiteit van het hier en nu van het leven zelf.

We kunnen bidden tot de Engel van Glorie om onze dank op te nemen in zijn lof- en vreugdelied voor de Bron van het leven. Terwijl ons hart geopend is, worden we gezegend; de vreugde die we ontvangen door dank te betuigen voor het leven is de ultieme erkenning van het leven zelf. De vreugde van dankbaarheid koestert onze ziel en geeft ons het diepste gevoelen van goedgunstigheid. Heel lang geleden leerde een zeer wijze man me te zeggen: 'Dank u voor alle goede dingen die nu in mijn leven gebeuren.' Hoe vaker ik dat zei, hoe meer goede dingen er in mijn leven plaatsvonden.

De Engel van Glorie helpt ons boven het aardse uit te stijgen tot een niveau van viering van de glorie van God en het wonder der schepping. Wanneer we onze energie en ons bewustzijn op één lijn brengen met deze glorie, houdt dat in dat we er deel van uitmaken. Wij zijn allemaal een aspect van het goddelijk principe van schepping. Het is onze eigen glorie die we vieren als we ons hart openstellen voor de engelen. We bereiken de glorie van het zelf en vereren het goddelijke als we onszelf liefhebben.

Hoofdstuk 3

HET GEBRUIK VAN DE KAARTEN

[...] gezegend al uw heilige engelen

TOBIT 11:14

Het orakel van de engelen is gebruiksvriendelijk en eenvoudig. Het is een model van de liefde en perfectie van de engelenrijken en het biedt je een speciale verhouding met kanten van jezelf waarvan je je tot dusver misschien niet bewust was. Het kan je dichter bij de engelen brengen, die je leiden en beschermen op je weg door dit leven.

Voorbereiding

Er zijn een paar aspecten aan het gebruik van de kaarten die je misschien wilt kennen voor je begint. Deze eenvoudige handelingen kunnen ertoe bijdragen dat de kaarten een sterke mate van liefde en toewijding uitstralen. Ze zorgen ervoor dat de energie rondom de kaarten schoon en zuiver blijft.
Bewaar je kaarten bijvoorbeeld op een speciale plaats in je huis waar je energie rustig en sereen is. Misschien wil je ze in een zijden doek wikkelen of in een speciale doos bewaren. Leg ze bijvoorbeeld op of in de buurt van je meditatieplaats of naast je bed. Steek een kaars aan en brand wierook voor je ze gebruikt, om de ruimte om je heen te zuiveren. Engelen gedijen in een prachtige atmosfeer en kunnen veel gemakkelijker met je in contact treden als jij rustig bent en de ruimte om je heen gezuiverd is.
Misschien wil je zwijgend zitten mediteren, met de kaarten in je handen, waarbij je met de engelen verkeert op een manier die voor jou het prettigst aanvoelt. Je zult vast en zeker je eigen rituelen ontwikkelen bij het gebruik van de kaarten.
De engelen zullen je altijd aanmoedigen datgene te doen waarbij jij je goed

voelt. Misschien wil je dat er bloemen in de buurt staan of zachte muziek horen als je de kaarten uitspreidt op een mooie stof. De componiste Marcia Hamm heeft enige goddelijk geïnspireerde muziekstukken gecreëerd die ik vaak draai als ik bezig ben met Het orakel van de engelen. Een paar prachtige muziekcassettes kunnen je helpen je hart open te stellen voor de engelen.

Vragen stellen aan het orakel

De engelen kun je elke vraag die belangrijk voor je is stellen, maar hij moet niet zo gesteld zijn dat een 'ja/nee'-antwoord vereist is. De voorbeelden laten je zien hoe je een vraag het best kunt formuleren. De engelen zullen je helpen duidelijkheid en begrip te krijgen en je intuïtieve vaardigheden te vergroten. Als je ontdekt dat je niet de antwoorden krijgt die je gewenst had, maar verwarrende informatie ontvangt, 'treedt' dan even terug van de kaarten en denk na over de ontvangen antwoorden. Er is een kalme geest voor nodig om de openbarende aard van deze kaarten volledig te begrijpen, wat overigens voor alle voorspellende instrumenten geldt. Wees kalm en rustig en laat de informatie zich ontvouwen. Engelen kunnen niet gedwongen worden, en eisen tolereren ze niet. Als je antwoorden echt niet begrijpt, vraag dan aan de engelen of ze alsjeblieft jouw lezing willen ophelderen zodat je ze wel kunt begrijpen. Gun jezelf wat tijd om de ontvangen informatie te overdenken; soms wordt iets na een nachtje slapen of door een droom duidelijk.
Misschien wil je je lezingen opschrijven in een engelenschrift en nadenken over de informatie die aan je geopenbaard is. In de loop der tijd zul je in staat zijn in te zien hoe deze informatie zich heeft ontvouwd. Hierdoor zul je de liefde leren vertrouwen die je via deze kaarten geboden wordt.

De keuze van de kaartverdeling

Bekijk goed de verschillende kaartverdelingen en lezingen die geraadpleegd kunnen worden voor het engelenorakel (zie blz. 102–109). Kies die welke het beste bij je behoeften past. Als je vraag tamelijk rechttoe-rechtaan is, heb je alleen een van de eenvoudige lezingen nodig (zie bijvoorbeeld de 'enkele kaart'- en de 'verleden, heden, toekomst'-lezingen). Als je een complexer antwoord nodig hebt, kun je een ingewikkelder verdeling uit de onderstaande selectie nemen (zie bijvoorbeeld de 'heilig kruis'-lezing). Het engelenorakel is ontwikkeld voor een grote verscheidenheid van mogelijkheden en voor een lezing die zo diepgaand mogelijk is.

De engelen brengen alleen maar positieve energie in je leven. Deze kaarten maken dat je op een positieve manier naar een situatie of een persoonlijke kwestie kijkt. Vertrouw erop dat je hogere zelf je op de meest waarachtige manier leidt en toegang verschaft tot de engelen.

Interpretatie van de kaarten

Je kunt de kaarten op elk gewenst niveau interpreteren. Je kunt ze zo luchthartig of serieus benaderen als je maar wilt, maar in beide gevallen zijn deze kaarten een machtige sleutel tot je diepste emotionele en spirituele processen.
Als je volledig baat wilt hebben bij dit orakel, moet je goed nadenken over de vragen die je aan de engelen stelt. Vraag om een lezing in naam van je grootste voldoening en vreugde. Mediteer eventjes met de kaarten in je hand, en houd de vraag die je wilt stellen in gedachten terwijl je de kaarten schudt en coupeert. Je zult de beste lezing krijgen door je vraag aandachtig en duidelijk te stellen. Om de diepste en de meest waardevolle interpretatie te krijgen van het orakel moet je je bewustzijn op de kaart concentreren en je afvragen wat dit voor jou betekent op dit moment in je leven. Situaties veranderen als wij veranderen, en hoe meer je de engelen hun liefde en genezing laat schenken, des te gemakkelijker en sneller zullen de inzichten tot je komen.

'Enkele kaart'-legging

Dit is een directe lezing als je een snel, beslissend antwoord wilt op een vraag over een situatie of een emotionele kwestie. Schud de kaarten en coupeer ze drie keer met je linkerhand, terwijl je je vraag in gedachten houdt. Trek een willekeurige kaart of neem de bovenste kaart van de stok.
Schroom niet precies die kaart te kiezen die je aantrekt. Laat deze kaart het antwoord van de engel op je vraag verbeelden. Overdenk even hoe deze engel je kan helpen bij je vraag. Laat de energie in je bewustzijn stromen, en je zult weten wat de engelen je vertellen.
VOORBEELD Susie wilde een 'enkele kaart'-lezing over haar beslissing om te verhuizen. Ze vroeg het orakel of dit goed voor haar was. De kaart die ze trok was de Engel van Sereniteit van de Machten uit de Hemel der Schepping. Volgens haar interpretatie betekende dit dat het een goede beslissing was en dat ze sereniteit zou kennen in haar nieuwe woning.

Yin/yang-legging (twee kaarten)

Telkens als je voor een dilemma staat of geconfronteerd wordt met een krachtige paradox, kan deze legging je behulpzaam zijn. Zij dient om je de polariteit en dubbelzinnige aard te laten doorzien van een verwarrende situatie of een emotionele kwestie. Soms willen we beide kanten van een situatie kennen en met deze hand kunnen we de negatieve en positieve, de mannelijke en vrouwelijke, de donkere en lichte principes zien die zich in ons leven ontvouwen. Schud de kaarten en coupeer ze driemaal met je linkerhand, en houd je vraag in gedachten. Vraag nu om een yin-kaart, die de vrouwelijke/ontvankelijke of negatieve gerichtheid in je situatie vertegenwoordigt. Leg die kaart links van je.

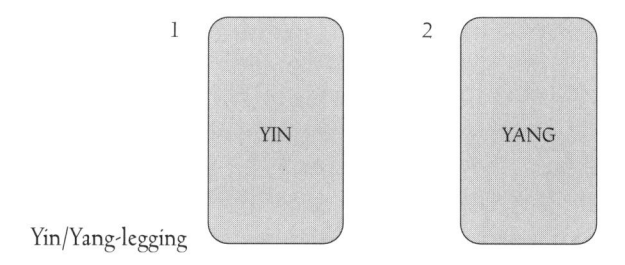

```
    1              2
  ┌─────┐        ┌─────┐
  │     │        │     │
  │ YIN │        │YANG │
  │     │        │     │
  └─────┘        └─────┘
Yin/Yang-legging
```

Vraag nu om een kaart die de tegenovergestelde, yang/mannelijke of positieve, gerichtheid van je situatie vertegenwoordigt. Deze kaart moet je rechts van je leggen.

Als je behoefte hebt aan een andere visie, trek dan een kaart uit de stok en laat deze het neutrale aspect van je situatie vertegenwoordigen, eentje die de tegenpolen vermengt.

'Verleden, heden, toekomst'-legging (drie kaarten)

Schud de kaarten en coupeer ze met je linkerhand, terwijl je je vraag in gedachten houdt. Trek een kaart, die het verleden verbeeldt. Leg deze links van je. Trek een tweede kaart, die het heden verbeeldt. Leg die in het midden, in de ruimte tussen verleden en toekomst. Trek een derde kaart, die de toekomst verbeeldt. Leg deze rechts van je.

Dit moet je een gevoel van continuïteit, transformatie en uitkomst geven, voor welke situatie dan ook. Als je werkt met de toekomstige tijd, denk er dan aan dat je de engelen vertrouwt, en dat je erop vertrouwt dat alles zich tot jouw grootste voldoening en uiterste vreugde zal ontvouwen.

1	2	3
VERLEDEN	HEDEN	TOEKOMST

'Verleden, heden, toekomst'-legging

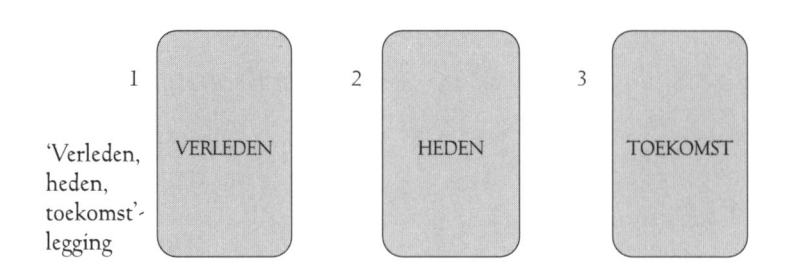

VOORBEELD Jason vroeg het orakel naar zijn toekomst bij zijn huidige werkgever. Hij legde een 'verleden, heden, toekomst'-hand, die hem het volgende opleverde: in het verleden de Engel van Vertrouwen van de Krachten in de Hemel der Schepping, in het heden de Aartsengel Rafaël en in de toekomst de Beschermengel der Volwassenheid, de laatste twee uit de Hemel der Formatie. Volgens zijn interpretatie betekende dit dat de Engel van Vertrouwen al zijn aspiraties voor de baan vertegenwoordigde. Hij was heel gelukkig aan het begin van zijn loopbaan en ontleende veel eigenwaarde aan het feit dat hij boven andere kandidaten verkozen was. Hij nam aan dat de Aartsengel Rafaël, die het helende aspect van het goddelijke representeert, voor de heling stond die plaatsvond toen hij de verantwoordelijkheid van zijn nieuwe baan op zich nam. Hij had het ouderlijk huis verlaten, was op zichzelf gaan wonen, werkte vijf jaar lang met succes en verborg zijn gebrek aan zelfvertrouwen om vooruit te komen. Hij meende dat de Beschermengel der Volwassenheid erop duidde dat hij verder zou groeien door zijn werk.

De lezing gaf Jason het vertrouwen dat hij op de goede weg was en echt het beste voor zichzelf deed. Het blies zijn vertrouwen in zijn werk weer leven in en het gaf hem ook een extra prikkel om creatief te zijn in zijn baan.

Quadrofunctionele psychologische legging (vier kaarten)

Deze hand vertegenwoordigt de vier functies van je psychologische samenstelling: intellect, gevoelens, intuïtie en zintuiglijke gewaarwording. De kaarten in deze hand kunnen ook staan voor de vier aspecten van een situatie en ze geven je een dieper gevoel over de verschillende dimensies van je eigen toestand.

Schud de kaarten en coupeer ze driemaal met je linkerhand, terwijl je de vraag duidelijk in gedachten houdt. Trek een voor een de kaarten en leg ze neer zoals afgebeeld in het diagram. De linkerkaart vertegenwoordigt je intellect, de rechter je gevoelens, die bovenaan je intuïtie en die onderaan je zintuiglijke gewaarwording.

HET GEBRUIK VAN DE KAARTEN

```
        3
     INTUÏTIE

1                          2
INTELLECT              GEVOELENS

        4
     ZINTUIGLIJKE
     GEWAARWOR-
        DING
```

Quadrofunctionele
psychologische legging

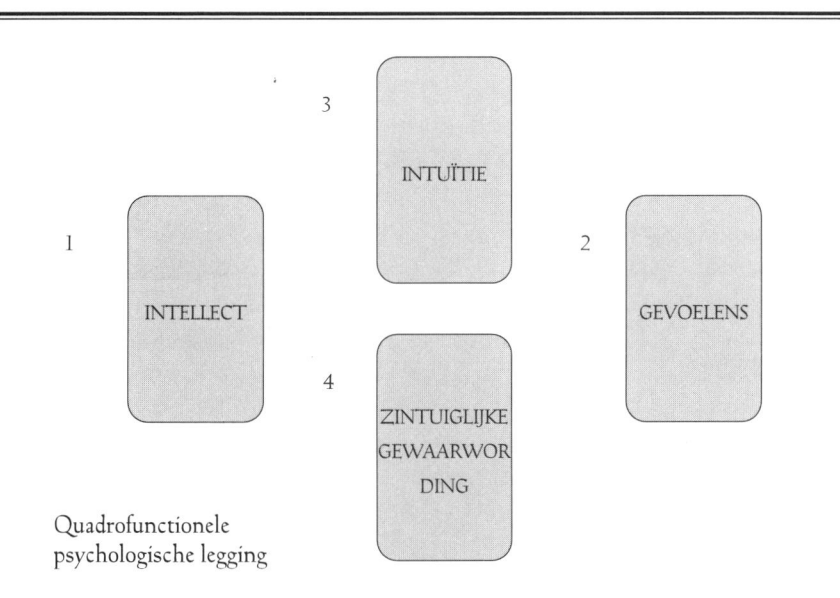

Als je alle kaarten hebt gelegd, bekijk ze dan zorgvuldig om erachter te komen welke informatie de engelen je geven over deze functies. Zijn er aspecten van jezelf die meer aandacht nodig hebben en die je meer liefde en aandacht wilt geven? Laat de engelen je vertellen hoe ze je kunnen helpen.

'Levensboom'-legging (vijf kaarten)

Dit is een legging die rekening houdt met de noden van je hogere zelf én de onderliggende invloeden die in jouw situatie op een onbewust niveau meespelen. De hand bevat de 'verleden, heden, toekomst'-lezing, maar heeft een extra dimensie om je te helpen de diepere werkzame krachten te zien.

Schud de kaarten en coupeer ze driemaal met je linkerhand. Houd je vraag in gedachten. Trek de kaarten en leg die neer zoals afgebeeld in het diagram. De kaart linksboven verbeeldt het verleden, die middenboven je huidige situatie, en die rechtsboven de toekomst; de kaart onder de middelste is je hogere zelf en is het aspect van je psyche dat je externe realiteit creëert door situaties te formeren die je laten groeien en je ontwikkelen als een spiritueel wezen, en de kaart onderaan vertegenwoordigt de onderliggende principes die nu in jouw leven actief zijn en die invloed uitoefenen op de situatie waarover je een vraag stelde.

1 VERLEDEN	2 HEDEN	3 TOEKOMST

4 HOGER ZELF

5 ONDERLIGGENDE INVLOEDEN

'Levensboom'-legging

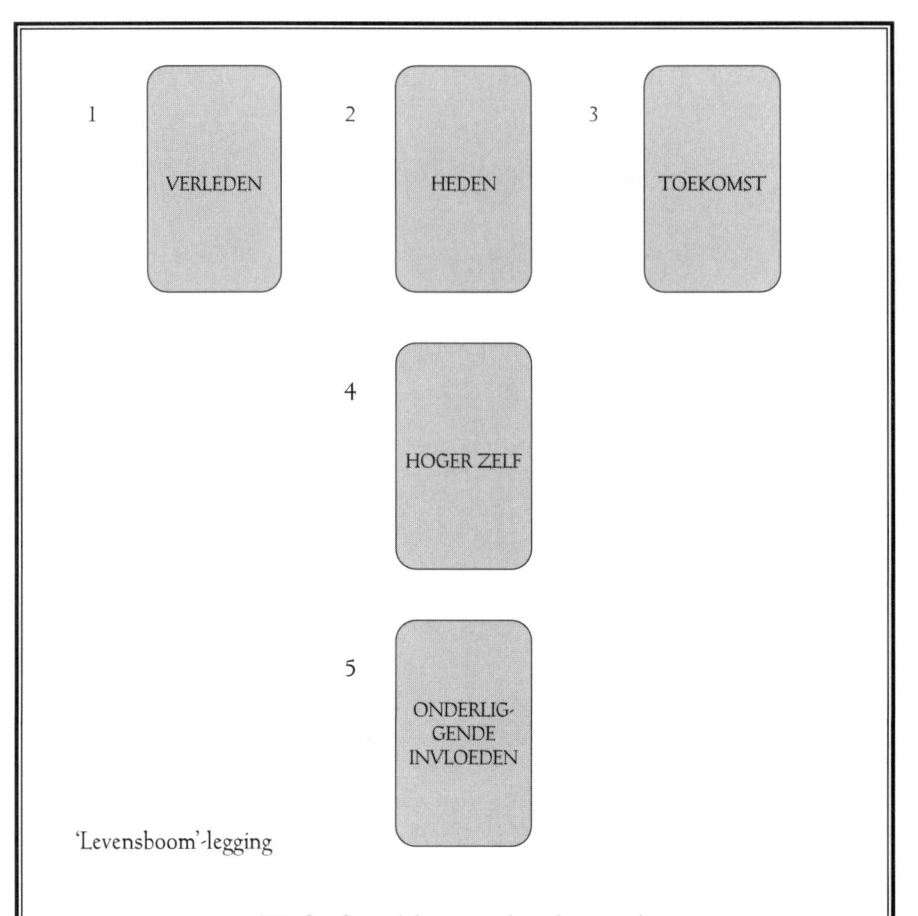

'Heilig kruis'-legging (zes kaarten)

Door deze legging kun je elke situatie aandachtig bekijken. Zij is vooral geschikt om je te helpen een vraag van verschillende kanten te bekijken. Ze kan je een goed zicht geven op situaties waarvan je alle uitdagingen wilt zien én de best mogelijke uitkomst.

Schud de kaarten en coupeer ze driemaal met je linkerhand. Houd je vraag in gedachten. Trek een voor een zes kaarten volgens het diagram. De eerste, die de rechterkant van het kruis vormt, vertegenwoordigt het verleden; de tweede, de linkerkant van het kruis, is de toekomst. De derde kaart, onder aan het kruis, is de basis en vertegenwoordigt de hoeksteen van de situatie waarnaar je vraagt.

De volgende kaart, die je hogere zelf vertegenwoordigt, leg je pal boven de vorige kaart; deze staat voor je grootste voldoening en vreugde. De vijfde

HET GEBRUIK VAN DE KAARTEN

kaart, die je boven de vorige legt, vertegenwoordigt de uitdagingen die de situatie je stelt. De engelen vertellen je waar je mee te maken krijgt als je groeit en je ontwikkelt. De laatste kaart leg je boven de vorige; deze vertegenwoordigt de best mogelijke uitkomst in de situatie.

'Heilige kruis'-legging

6 BESTE UITKOMST

2 TOEKOMST   5 UITDAGINGEN   1 VERLEDEN

4 HOGER ZELF

3 BASIS

VOORBEELD Emma had problemen in haar relatie. Zij vroeg om een lezing die haar enig inzicht kon geven in haar leven en die specifiek kon aangeven of haar relatie zou blijven bestaan.

Ze besloot de 'heilig kruis'-legging te doen, met het volgende resultaat: ze trok de Aartsengel Metatron op de plek van het verleden, en de Vorst van het Noorden als vertegenwoordiger van de toekomst, beiden uit de Hemel der Formatie. De derde kaart die ze trok was een van de Krachten uit de Hemel der Schepping, de Engel van Geloof op de plek van de basiskaart.

De kaart die ze trok voor het hogere zelf kwam van de Machten, ook uit de Hemel der Schepping: de Engel van Vrede. De vijfde kaart, die de uitdaging waarvoor ze stond vertegenwoordigde, was een der Serafijnen uit de Hemel van het Paradijs, de Engel van Eeuwige Liefde. En als laatste kaart, die de beste uitkomst vertegenwoordigt, trok ze nog een Macht, de Engel van Harmonie.

Zij besloot tot de volgende interpretatie: Metatron gaf uiting aan haar behoefte aan erkenning, wat een diep, onderliggend motief voor haar was aan het begin van haar verhouding. Hij is de Aartsengel die onze goede daden representeert. Emma had het gevoel dat zij heel wat reddingsacties uitvoerde bij haar vriend in het begin, in de hoop dat ze door hem zou worden erkend als een goed mens. Ze was niet zo zeker van zichzelf en probeerde steeds behulpzaam te zijn.

De Vorst van het Noorden, die op de plek van de toekomstkaart lag, vertegenwoordigt de psychologische functie van het denken. Volgens haar interpretatie betekende dit dat zij haar vermogen om voor zichzelf te denken in de relatie moest ontwikkelen en niet zo afhankelijk moest zijn van haar partner die beslissingen voor haar nam. Volgens haar betekende dit dat ze moest nadenken over wat ze verwachtte van haar leven.

De kaart die de basiskaart is en die het hogere zelf vertegenwoordigt, was een van de Krachten, de Engel van Geloof. Volgens haar betekende dit dat zij geloof moest hebben dat haar leven zich ontvouwde voor haar grootste voldoening, ook al waren er wrijvingen in haar relatie of zelfs in het geval dat zij en haar partner uiteen zouden gaan.

Ze trok de Engel van Eeuwige Liefde van de Serafijnen op de plek van de levensuitdaging waarvoor ze stond. Ze legde dit zo uit dat zij, wat er ook gebeurde, erkende dat haar vriend een kenmerk van haar ontwikkeling was en dat de liefde die zij gekend hadden altijd een deel van haar leven zou uitmaken.

Ze trok van de Machten de Engel van Harmonie voor de best mogelijke uitkomst. Ze besefte toen ze deze kaart trok dat zij en haar partner niet harmonieus samenleefden, terwijl dit precies was wat zij in haar relatie nastreefde.

Ze had het gevoel dat de lezing haar een dieper begrip gaf van haar eigen innerlijke ontwikkelingsproces en haar liet zien in welke richting zij zichzelf misschien kon ontwikkelen. Ze vertelde dat ze zich opvallend rustig voelde na de lezing en dat deze een hele verlichting van haar bezorgdheid over haar relatie gaf.

'Dierenriem'-legging (dertien kaarten)

Deze legging maakt gebruik van de twaalf huizen van de dierenriem. Zij geeft je een achtergrond om te bepalen waar je staat in termen van een holistische levensontwikkeling. Het behelst alles, van geld en relaties tot aan de fase waarin je verkeert wat betreft je spirituele groei.

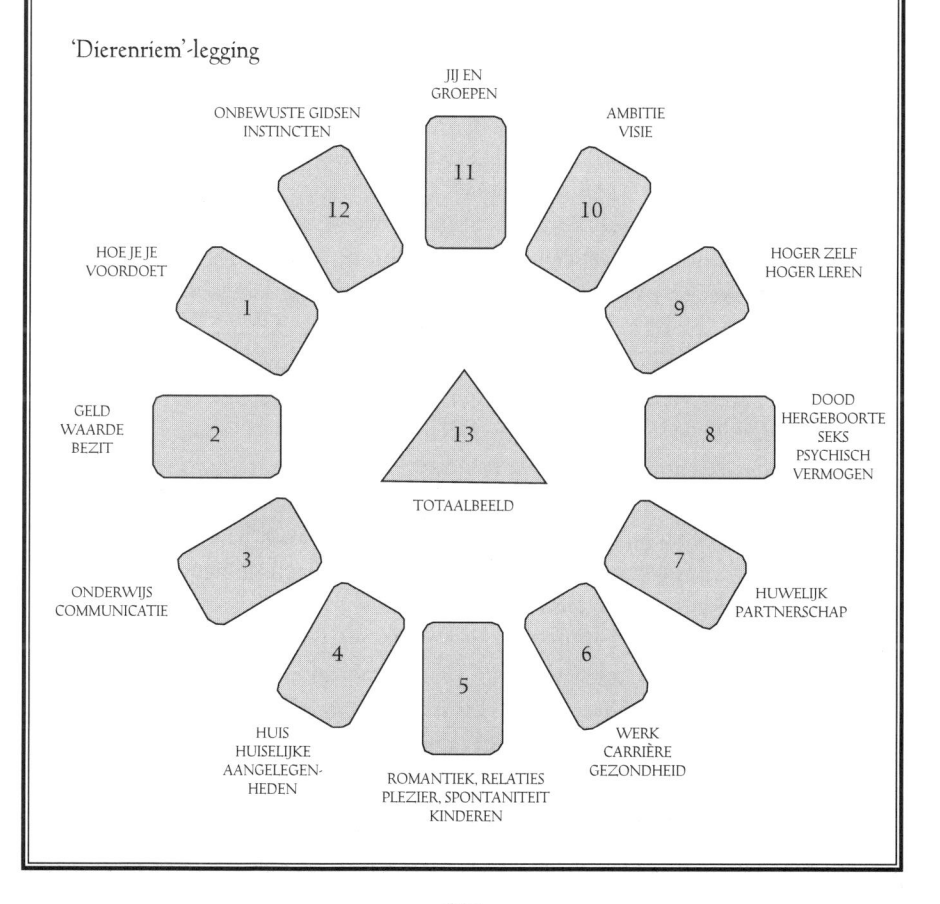

'Dierenriem'-legging

- 11: JIJ EN GROEPEN
- 12: ONBEWUSTE GIDSEN, INSTINCTEN
- 10: AMBITIE, VISIE
- 1: HOE JE JE VOORDOET
- 9: HOGER ZELF, HOGER LEREN
- 2: GELD, WAARDE, BEZIT
- 8: DOOD, HERGEBOORTE, SEKS, PSYCHISCH VERMOGEN
- 13: TOTAALBEELD
- 3: ONDERWIJS, COMMUNICATIE
- 7: HUWELIJK, PARTNERSCHAP
- 4: HUIS, HUISELIJKE AANGELEGENHEDEN
- 6: WERK, CARRIÈRE, GEZONDHEID
- 5: ROMANTIEK, RELATIES, PLEZIER, SPONTANITEIT, KINDEREN

Misschien wil je mediteren voor je de kaarten schudt, waarbij je rustig in een aangename houding zit met je ogen dicht en nadenkt over je leven. Schud de kaarten en coupeer ze driemaal met je linkerhand. Houd je vraag in gedachten terwijl je een kaart trekt en vraag de engelen om de best mogelijke lezing voor jou op dit moment in je leven. Leg de kaart op de overeenkomstige plek van het huis uit de dierenriem. De eerste kaart in het eerste huis, de tweede kaart in het tweede huis enzovoort. Het diagram geeft aan wat elk huis vertegenwoordigt. De dertiende kaart geeft een totaalbeeld van jouw leven zoals het er nu voorstaat.

Conclusie

Of je nu één of tien kaarten gebruikt, de boodschappen van de engelen zijn er voor jouw verlichting en jouw genoegen. Probeer te onthouden dat de engelen je alleen maar vreugde en vrede toewensen in je leven. Zij bieden alle mogelijkheden voor de liefde die we zoeken met zo min mogelijk strijd of pijn. Geef hun de kans vreugde in jouw leven te brengen. Laat deze kaarten dienen als een middel voor genezing om jou je grootste voldoening en vreugde te laten vinden.

Dit orakel is een uniek geschenk uit het engelenrijk. Het kan je leiden en de ontwikkeling van het spirituele wezen in je bevorderen. Werk met de engelen door middel van de kaarten om je eigen gevoel te ontwikkelen voor wat geschikt en goed voor je is. Stel je hart open voor het goede dat naar je toe gebracht kan worden. Een jonge vriendin van me vertelde me dat ze van de engelen houdt omdat ze volstrekt veilig zijn. Zij is, zoals zoveel mensen tegenwoordig, zeer sensitief van aard en zij staat in verbinding met rijken van bewustzijn die diepe gevoelens opwekken en zeer spiritueel zijn.

Stap via de kaarten behoedzaam de realiteit van de engelen binnen. Vertrouw erop dat je innerlijke aard zich voor je ontvouwt terwijl je je prettig voelt bij het mediteren met de engelenkaarten. Het advies en de hulp die je kunt krijgen door met de kaarten aan de slag te gaan, kunnen je helpen aspecten van je leven te transformeren die je onrust of ontevredenheid bezorgen.

We speuren naar informatie door middel van onze intuïtie, die ons bewuste en heilzame beslissingen laat nemen. De engelen helpen je altijd. Het orakel van de engelen is een zichtbaar verbindingsstuk naar die wereld van steun, liefde en advies die wacht op jouw bewuste erkenning.

Om verder te lezen

L. Boros, *Angels and Men*; Search Press, Londen 1974

S. Burnhem, *A Book of Angels*; Ballantine Books, New York 1990

D. Connolly, *In Search of Angels*; Perigee Books (Putnam Publishing), New York 1993

G. Davidson, *A Dictionary of Angels*; The Free Press (Macmillan), New York 1967

G. Mallasz, *Gesprek met de engelen*; Lemniscaat, Rotterdam 1986

H.C. Moolenburgh, *Engelen als beschermers en als helpers der mensheid*; Ankh-Hermes, Deventer 1983

–, *Een engel op je pad*; Agon, Amsterdam 1991

R. Steiner, *The Spiritual Hierarchies*; Anthroposophic Press, New York 1970

–, *Werking van de engelen*; Vrij Geestesleven, Zeist

S. Synnestvedt, *The Essential Swedenborg*; The Swedenborg Foundation Inc., New York 1970

E.B. Szekely, *The Gospel of the Essenes*; C.W. Daniels Company, Saffron Walden 1979

T.L. Taylor, *Messengers of Light*; H.J. Kramer, Inc., Tiburon, Cal. 1990

–, *Guardians of Hope*; H.J. Kramer, Inc., Tiburon, Cal. 1992

–, *Creating with the Angels*; H.J. Kramer, Inc., Tiburon, Cal. 1993

Dankbetuigingen

Mijn grootste dank gaat uit naar de engelen die over me waken en die me leidden tot de schepping van het orakel. Ik weet dat er tijdens het schrijven van dit boek vele gebeurtenissen en omstandigheden zijn geweest waarin ik verzekerd was van hun enorme liefde en steun. Ook dank ik Susan Mears, mijn agente, voor haar ideeën voor het orakel. Het team bij Eddison Sadd Limited is begripvol én respectvol geweest ten aanzien van dit project en het was een genoegen met hen samen te werken. Mijn dank aan Ian Jackson voor zijn raad en aan Nick Eddison voor zijn kundigheid om dit project te realiseren. Ik wil Elisabeth Ingles bedanken voor het redigeren van de tekst en Warren Maddill voor zijn mooie illustraties.

Dank en liefs voor Charlie Moritz voor het lezen van de tekst en zijn voortdurende hulp en ondersteuning. Dank ook aan zijn vader, Ernest, die veel van de geciteerde mooie joodse gebeden ontdekte. Van mijn vrienden wil ik vooral Lady Mary Jardine bedanken, en Dale Culliford en Patrick Gundry-White voor hun uitstekende wekelijkse Alexander Technique-lessen en voor het verschaffen van de goede boeken op het juiste moment.

Liefs voor de geest van mijn grootmoeder van wie ik weet dat zij over mij waakt, en voor mijn moeder en zuster, die rusten bij de engelen. God zegene ons allen.

The Angel Network biedt een catalogus van boeken, posters en versieringen die je wellicht wilt hebben. Stuur een retourenvelop naar:
The Angel Network, c/o St Chad's Court, 146B King's Cross Road, London WC1X 9DH